九州大学
文学部
90年の歩み

1924–2014
Following 90 Years of Footsteps:
The History of the School of Letters
Kyushu University

九州大学文学部

序　文

　九州大学文学部は 1924 年に設立された法文学部を母体としており，今年は創立 90 周年の記念すべき年に当たります。

　文学部では 5 年前，創立 85 周年，文学部独立 60 周年を記念して，「はごろもプロジェクト」と呼ばれる一連の記念事業を展開しました。それから 5 年経ったわけですから，自ずから節目の年ということになるわけですが，今回の節目には，特別な意味合いが含まれています。実は，文学部が発足したこの箱崎の地で節目の年を迎えるのは，今回が最後になります。2018 年度までに，文学部を含む文系諸部局は，伊都キャンパスへの移転を完了させる計画になっており，現在，新しいキャンパスの建物の設計が着々と進められています。残念ながらアクセスは悪く，また，研究室の面積はほとんど増えませんが，少なくとも飛行機の騒音には，悩まされずに済むようになるでしょう。95 周年を迎える頃には，この箱崎キャンパスは，旧法文学部の建物をも含めて，既に「跡地」と化しており，往事を偲ぶよすがすら残っていないかもしれません。

　文学部では，今年度の同窓会総会を 90 周年記念行事の一つと位置づけ，同窓会と共催の形で，文学部写真展や，かつて文学部に勤務されていたロバート・キャンベル先生による記念講演会など，祝賀行事を開催いたしますが，文学部歴史編纂室の事業として，文学部のこれまでの足跡を回顧し，未来への展望を開くべく，『九州大学文学部 90 年の歩み』を刊行することにいたしました。

　本書には，本編として文学部通史とそれぞれの研究室史を，資料編として人事・統計・年表を収め，巻頭を懐かしい写真で飾りました。本編

の内容は九州大学の百年史とほぼ同じものですが，紙媒体で公表されるのは現在のところ本書のみですし，人事資料には，編纂室・研究室が苦労して復原した助手・助教一覧等も含まれています。一見無味乾燥に見える一覧表・年表からも，この文学部で共に過ごした方々の姿がよみがえる思いがするのではないでしょうか。味読いただければ幸いです。

九州大学文学部

学部長　坂上康俊

目　次

序　　文 ……………………………………… 文学部長　坂上康俊　i

写真編

文学部の変遷 ……………………………………………………………… 2
研究室の諸相 ……………………………………………………………… 6

本編

第1章　文学部通史 ……………………………………………………… 19
　第1節　法文学部の創設と拡充 ……………………………………… 19
　　（1）　学部の創設と講座の設置　19
　　（2）　文科の充実　21
　　（3）　戦争の時代を経て　23
　第2節　文学部の創設と発展 ………………………………………… 25
　　（1）　新制文学部の誕生　25
　　（2）　文学部の発展　26
　第3節　移転・紛争・成長 …………………………………………… 27
　　（1）　新館建設による移転　27
　　（2）　紛争に揺れる文学部　28

　　　　(3)　平穏への復帰と成長　　31
　第4節　文学部改組と人文科学研究院の成立 ……………… 33
　　　　(1)　文学部改組と大学院重点化　　33
　　　　(2)　21世紀の文学部・人文科学研究院　　36

第2章　研　究　室　史 ……………………………………… 41
　第1節　哲学コース ……………………………………… 41
　　　　(1)　哲学・哲学史研究室　　41
　　　　(2)　倫理学研究室　　46
　　　　(3)　インド哲学史研究室　　51
　　　　(4)　中国哲学史研究室　　55
　　　　(5)　美学・美術史研究室　　60
　第2節　歴史学コース …………………………………… 65
　　　　(1)　日本史学研究室　　65
　　　　(2)　東洋史学研究室　　70
　　　　(3)　朝鮮史学研究室　　75
　　　　(4)　考古学研究室　　78
　　　　(5)　西洋史学研究室　　83
　　　　(6)　イスラム文明学研究室　　88
　第3節　文学コース ……………………………………… 91
　　　　(1)　国語学・国文学研究室　　91
　　　　(2)　中国文学研究室　　96
　　　　(3)　英語学・英文学研究室　　101
　　　　(4)　独文学研究室　　105
　　　　(5)　仏文学研究室　　110
　第4節　人間科学コース ………………………………… 115
　　　　(1)　言語学・応用言語学研究室　　115
　　　　(2)　地理学研究室　　120

　　　　（3）　心理学研究室　　124
　　　　（4）　比較宗教学研究室　　129
　　　　（5）　社会学・地域福祉社会学研究室　　134
　第5節　広人文学コース……………………………………138
　第6節　附属九州文化史研究施設……………………………139

資　料　編

Ⅰ　人 事 資 料 ………………………………………………147
　1　教官・教員一覧　　147
　2　助手・助教一覧　　156
　3　部局長一覧　　164
　4　評議員・副研究院長一覧　　165
　5　附属九州文化史研究施設長一覧　　167
　6　理事・副学長一覧　　167
　7　附属図書館長一覧　　168
　8　学生部長一覧　　169

Ⅱ　統 計 資 料 ………………………………………………170
　1　学 生 数　　170
　　①法文学部・大学院学生数（1925〜1948年度）　　170
　　②旧制文学部・大学院学生数（1949〜1959年度）　　172
　　③文学部学生数（1949〜2011年度）　　174
　　④大学院文学研究科・人文科学府修士課程学生数
　　　（1953〜2011年度）　　176
　　⑤大学院文学研究科・人文科学府博士課程学生数
　　　（1953〜2011年度）　　178

2　卒業生の進路　　180

　　　　①文学部卒業者数（1949〜2011年度）　　180

　　　　②大学院文学研究科・人文科学府修士課程修了者数
　　　　　（1953〜2011年度）　　182

　　　　③大学院文学研究科・人文科学府博士課程修了者数
　　　　　（1953〜2011年度）　　184

　　3　教官・教員数　　186

　　　　①法文学部教官数（1925〜1948年度）　　186

　　　　②文学部・人文科学研究院教官・教員数（1949〜2011年度）　　187

Ⅲ　文学部年表 …………………………………………………………… 189

編集後記 ………………… 文学部歴史編纂室長　柴田　篤　193

執筆者一覧，文学部歴史編纂室室員一覧，写真・図版提供者一覧

凡　例

1. 本書は，写真編・本編・資料編から成る。
2. 本編の「文学部通史」と「研究室史」は，『九州大学百年史』部局史編Ⅰ（2014年ウェブ上公開）の文学部編から転載した。前者は文学部歴史編纂室が，後者は各研究室がそれぞれ執筆をした。ただし，後者のうち「広人文学コース」と「附属九州文化史研究施設」については，歴史編纂室が新たに執筆をした。研究室の呼称は，現在における文学部の各専門分野の名称を用いた。
3. 資料編の「人事資料」及び「統計資料」については，九州大学百年史編集室から提供されたデータをもとに，歴史編纂室が再編集をした。また，「助手・助教一覧」については，各研究室から提供された資料をもとに，歴史編纂室が再編集した。
4. 資料編の「文学部年表」については，諸資料をもとにして歴史編纂室が作成した。
5. 本編及び資料編は，『九州大学百年史』の編集方針に準じて2012（平成24）年3月31日までの事項を対象とした。ただし，一部にその後の事柄に触れた部分もある。また，資料編の「人事資料」については，2014（平成26）年4月1日までとした。
6. 写真編のうち，文学部全体にわたるものは，『九州大学百年史』部局史編Ⅰの「文学部通史」に掲載されたもの5枚と新たに加えた5枚から成る。また，各研究室に関わるものは，同部局史編Ⅰの「研究室史」に掲載されたものに若干枚の変更を行った。

写 真 編

正門より法文学部本館を望む（大正15年本館竣工）　大学文書館蔵

文学部の変遷

(左) 法文学部本館廊下
(右) 法文学部研究室 (昭和3年)
大学文書館蔵

法文学部文科の
出陣学徒を囲んで
(昭和18年)
大学文書館蔵

終戦直後の法文学部本館
(昭和20年)
大学文書館蔵

昭和39年度文学部
卒業記念写真
文学部歴史編纂室蔵

移転後の文系地区
大学文書館蔵

文学部の変遷　3

大学紛争の時代（昭和43年）　大学文書館蔵

大学紛争の時代（昭和44年）　西日本新聞社提供

文学部の書庫（平成25年）　文学部歴史編纂室蔵

最近の文系キャンパス（平成25年）　文学部歴史編纂室蔵

研究室の諸相

哲学・哲学史研究室

真理を求めて哲学の議論は今日も続く

倫理学研究室

細川教授の最終講義（2012年3月）

インド哲学史研究室

カフェマノマノにて印哲忘年会（2008年12月22日）

中国哲学史研究室

初代教授 楠本正継博士（1960年3月）

研究室の諸相

美学・美術史研究室

櫛田神社絵馬調査（1973 年）

日本史学研究室

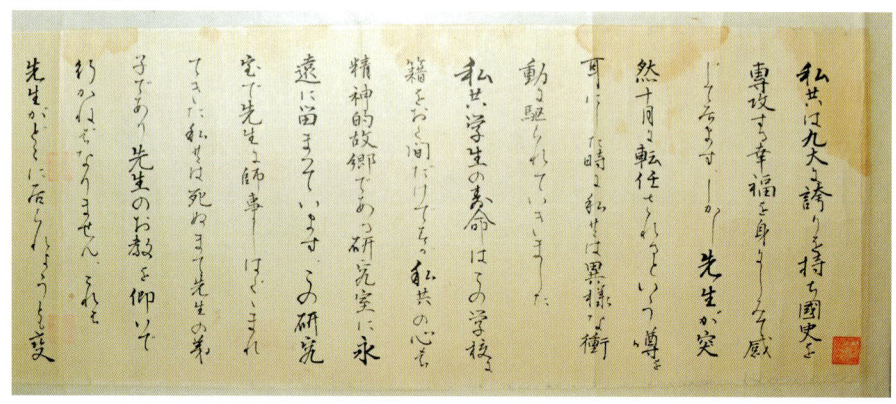

竹内理三先生留任嘆願書（1958 年 9 月 10 日）

東洋史学研究室

二代目教授
日野開三郎博士
(1986年夏)

朝鮮史学研究室

(上) 梅田博之先生講演会
(1979年)
前列左から2人目が長教授

(下) 韓国学中央研究院訪問
(2013年)
右から4, 5人目が濱田教授, 森平准教授

研究室の諸相　9

考古学研究室

壱岐カラカミ遺跡発掘調査参加者（2008年9月）

イスラム文明学研究室

研究室で中東の料理を作る

国語学・国文学研究室

初代教授「春日政治教授像」
(児島喜久雄 画，1938 年)

中国文学研究室

第 271 回
中国文藝座談会
(2014 年 2 月 1 日)

研究室の諸相　11

英語学・英文学研究室

外国人教師による授業風景

独文学研究室

シェーネ先生とともに阿蘇の大観峰にて（1990年9月）

仏文学研究室

研究室での1コマ（2012年4月）

言語学・応用言語学研究室

方言調査風景（2014年1月，椎葉村）

研究室の諸相　13

地理学研究室

日帰り巡検にて（2012年10月，大野城跡）

心理学研究室

日本心理学会第21回大会（1957年，九州大学）

比較宗教学研究室

教員・在学生一同，桜の下で卒業生を送る（2010年3月）

社会学・地域福祉社会学研究室

九州大学社会学同窓会第4回総会の様子（1988年，三畏閣）

広人文学コース

平城宮跡にて（第一次大極殿の前）

附属九州文化史研究施設

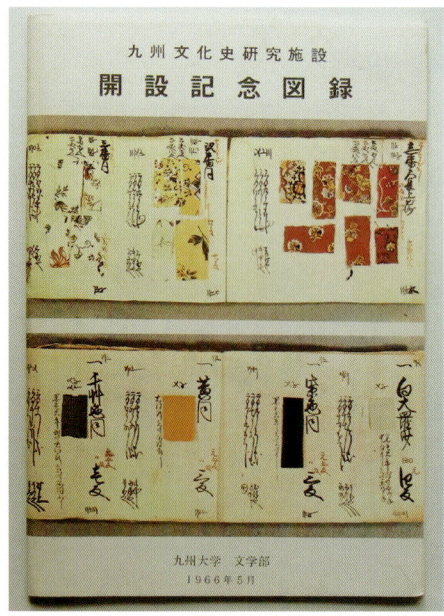

『開設記念図録』（1966年）

本　編

「九州大学正門」　吉川幸作　画

第1章　文学部通史

第1節　法文学部の創設と拡充

(1) 学部の創設と講座の設置

　九州大学文学部が創設されたのは，1949（昭和24）年4月のことであるが，その歴史は1924（大正13）年9月26日の法文学部の設置にさかのぼる。これより先，当時の原内閣は大学教育拡充のため，東北帝国大学と共に九州帝国大学に法文学部の設置を決定する。設置の翌年，工学部西側の海門戸町に，鉄骨鉄筋コンクリート地上3階，半地下1階の本館が完成する。「白亜の殿堂」と称えられ，連日見物の人波で賑わったと伝えられる。

　法文学部創設に中心的役割を果たしたのは，天皇機関説で著名な東京帝国大学教授の美濃部達吉であった。美濃部が当初目指したのは，法文学部に哲学科・法律学科・経済学科の3学科を置くというものであった。しかし，「法」と「文」とを有機的に統一して偏狭にならない専門教育を行うため学科制は採らない，という文部省の方針によって，最終的には履修結果により法学士・文学士・経済学士が得られるという形を取る。そのうち文学士は，25の授業科目から12単位を取得し，その他の法文学部の科目から6単位を任意に選択し，これを卒業要件とすると定めた。授業科目と単位数は以下の通りである。なお，法文学部時代，

教育学は文科の授業科目に含まれていた。

哲学概論	1	西洋古代哲学史	2	西洋近世哲学史	2
論理学及認識論	1	国家及社会哲学	2	倫理学及倫理学史	3
心理学	3	社会学	3	教育学	3
宗教学	3	美学	2	東洋美術史	2
西洋美術史	2	支那哲学史	2	印度哲学史	2
史学概論	1	国史	4	西洋史	3
東洋史	3	文学概論	1	国文学	3
支那文学	3	英文学	3	仏文学	3
独文学	3				

法文学部には講座の設置が定められるが，文科関係の講座名と設置時期は以下の通りである。

哲学哲学史第一，倫理学，社会学，西洋史学（4 講座，1924 年 9 月 26 日）
哲学哲学史第二，心理学，教育学，英文学，独文学，国史学（6 講座，1925 年 5 月 19 日）
哲学哲学史第三，国史学第二，宗教学，支那哲学史，印度哲学史，国文学，仏文学（7 講座，1926 年 5 月 13 日）
美学美術史，支那文学，東洋史学（3 講座，1927 年 10 月 8 日）

以上のように 20 講座が設置され，創設から 3 年で，法文学部時代の文学部 16 研究室がすべて揃うことになる。新生法文学部の授業は，1925 年 4 月 21 日より開講される。その前日，法文学部第 1 回入学式が挙行されるが，入学者の中に九州帝国大学初の女子学生 2 名が含まれていた。

美濃部は設置直後に九州帝国大学教授を兼任し，法文学部長事務取扱となる。1924 年 3 月 24 日に第 1 回の教授会が開催され，投票により倫理学講座教授の大島直治が学部長代理に選出される。そして，3 年後の 1927（昭和 2）年 10 月に，哲学哲学史第一講座教授の四宮兼之が法文学部長に任命される。以降，歴代の法文学部長 18 名の中，9 名が文科

の教授の中から選ばれる。同年，法文学部本館の西側に心理学教室の建物が竣工する。

(2) 文科の充実

　四宮学部長の下，法文学部は順調に滑り出して行くかのように見えたが，就任直後に「法文学部内訌事件」が起き，6名の教官が休職（のち失職）し，翌年には「三・一五事件」により，法科1名，経済科2名の教授が辞職する。折しも金融恐慌後の就職難や，学生の退学，他大学への転学などもあり，世間では法文学部の私立移管の噂が流れるほどであった。

　法文学部は1926（大正15）年12月に，「法文学部教授会議事規則」を制定する。これによれば，教授会は助教授も参加し，学部長が認めれば講師及び講義嘱託も列席できた。ところが，相次ぐ事件の後，総長から教授会構成の見直しが提示され改正の指令が出される。これによって，1929（昭和4）年1月26日の教授会より，教授のみの組織に変更される。

　創設以来，法文学部は制度的には学科は立てられなかったが，「法文学部教授会議事規則」によって，法科・文科・経済科にそれぞれ常任委員会が置かれ，講座の新設・増設，教育，人事などが各科ごとに審議された。翌年5月には同規則が改正されて常任委員会は廃止され，新たに各科に協議会が組織され，助教授もこれに加わった。この制度に関しても，1933年5月に，総長より各科の協議会は学部教授会の部会に外ならないから教授のみで組織するよう通牒が出される。

　以上のような外部からの働きかけもあって教授会組織・運営に変化が生じたが，学部改革に関する内発的な動きも起きていた。1930年3月に，「法文学部規程」の改正が評議会で可決される。主な改正点は，授業科目及び各科目の単位数を増加した点，また志望する学士号の届出時期を

第2年の第2学期から入学当初に変更した点である。前者の理由は，時代の進運に従うと同時に他の帝大との権衡を保つということであった。文学士の場合は，必修単位が16単位に増加し，選択単位は4単位，これに卒論を課すというのが卒業要件であった。また，「文科方面の学科は法経各科方面の学科と異なり，哲・史・文の三科を網羅し，其の研究の範囲極めて広範なるを以て，之によりて一層多方面なる研究をなさしめんが為なり。」と改正理由書に記されている。後者に関しては，早く研究に専念させるというのが理由であった。この規程改正は，法・文・経各科の分科的傾向を現すものであったが，法文学部としての一体性を崩すことにはならなかった。

この時期，各科の中での研究活動が活発化していく。文科に関して言えば，教育研究会 (1928年)，九大史学会 (同年)，九州考古学会 (1930年) が発足し，九大史学会が『史淵』(1929年)を，九州文学会が『文学研究』(1932年)を，哲学研究会が『哲学年報』(1940年)をそれぞれ発刊する。文学部の3紀要がここに揃う。

ここで図書館と図書の扱いについて触れておく。法文学部創立以前，1922 (大正11) 年5月に，九州帝国大学附属図書館が設置され，医学部構内に事務室が置かれていたが，法文学部と密接な関係にあることから，1925年に本館を法文学部の北側隣地に建てることになる。初代館長は医学部教授の小川政修であったが，本館竣工の年に，総長より図書館長は法文学部より選出するようにとの内談があり，第2回教授会において，西洋史学教授の長壽吉を第2代館長として選出する。以来，法文学部時代では文科から9人の館長を出す (長は第4代再任)。法文学部，特に文科の研究教育活動にとって，図書資料の存在は極めて大きいが，これに密接に関連するものとして「研究室」があった。図書館竣工の翌年に，教官研究室として法・文・経3科の研究室を設置することが決議され，2年後には，「法文学部研究室規則」ならびに「法文学部研究室図書閲覧及検索に関する規程」が制定される。研究室は，法文学部備え

付けの図書および図書館より借用した図書やその他の資料の管理をなすところと規定され，3名の研究室主任と研究事務室主任1名を置き，法文学部研究室委員会が組織される。

さて，学部創立から10年が経った1934（昭和9）年以降，教授会において学部充実に関する具体案が協議され実施される。教育面では，「学術優秀志操堅実にして学資に乏しき者に対し学資の補給をなす」ことを目的として，「法文学部奨学会会則」が制定され，奨学金の支給が始まる。また，研究面では，「九州全般に亘る文化史的資料を蒐集し研究する」ことをめざした「九州文化史研究所」の設置である。本部より毎年1000円の経費の移算が行われる。

(3) 戦争の時代を経て

1937（昭和12）年，日本は7月の盧溝橋事件をきっかけに，全面的な日中戦争に突入する。同年の教授会議事録からは，応召学生の名前に続き，在学生や卒業生の戦病死などの報告も見られる。また応召学生の壮行式の挙行，応召帰郷学生の臨時受験願出，事変従軍者子弟の授業料減免などの件も取り上げられている。誕生して15年にも満たない学部各科の構成員はいよいよ戦争の時代を厳しく体験することになる。

1941年になると，教授会議事録記載事項の中にも次第に戦時色が濃くなる。学部長会議の報告によれば，総長会議に対して陸軍から「軍事教練」の正科化や時間増などが要望される。すでに学生集団勤労作業も行われている。12月8日の日米開戦後最初の教授会（17日）では，「時局急迫の折柄不取敢左の諸件につき審議承認あり」として，「学生非常呼集の体制を整備すること」，「貴重図書を安全箇所に移送の処置を講ずること」などが挙げられている。

1943年の夏季学生勤労作業のうち，法科・経済科の学生は，津屋崎の九州国防訓練所建設用地整理作業に参加し，文科の学生は，研究室図

書カードの整理および構内の除草作業に従事している。この時期までは入学試験，学期授業，学位論文審査など，以前とさほど変わらずに行われていた。

しかし，この年6月25日に「学徒戦時動員体制確立要綱」が閣議決定され，10月12日には，「教育ニ関スル戦時非常措置方策」が決定される。学生・生徒徴兵猶予が停止され，文科系を中心とした一斉徴集，いわゆる学徒出陣が行われることになる。九大では10月19日に，出陣学徒の壮行会が行われる。当日，学部本館玄関前で撮影された文科出陣学徒の集合写真や，教官を囲んだ社会学専攻学生の記念写真が今も残されている。

11月10日の教授会では，文部省より示された「戦時教育体制」に対する学部の意見書が取りまとめられる。「綜合帝国大学における文科系学部の存続並びに研究機関の現状確保の方針」については正当の措置とするも，「防空上の見地並びに授業上の関係による学生委託の件」については，「学生の教育に責任を持つ立場に立つ大学」として，「教育上許さるべき事柄に非ず」と断固拒否する意見を述べている。教授会は，「大学はそれぞれ特色ある学風を伝統として有し，殊に文科系の学科はその学風を離れては教育の全きを期し難し。」と，確乎たる信念から京都地方への学生移転を認めないという姿勢を貫いた。結果として学生委託には至らなかった。

1944年になると軍事教練が毎週4時間に増加し，翌年にかけて学徒勤労動員に伴う学期試験の繰り上げ施行や，応召入隊学生に対する臨時試験の実施が行われる。1945年8月15日，終戦を迎える。戦時中，空襲を避けるために黒く塗られた「白亜の殿堂」は幸いにも残った。しかし，多くの出陣学徒が懐かしの学舎に戻ることはなかった。忘れてはならない学徒出陣の時代であった。

第2節　文学部の創設と発展

(1) 新制文学部の誕生

　終戦後最初の教授会（8月18日）において，緊急事項に対処するために，学部長の諮問機関として各科2名の委員からなる「特別委員会」を設置する。

　12月の教授会では，「法文学部組織調査委員会」が組織され，3学部分立案の検討がなされる。そして，翌年7月の教授会において，法・文・経3科を3学部に分離することに満場一致を以て決定する。各科内の履修科目および課程に関する改正案については，1943（昭和18）年の時点からすでに検討が行われていたが，1947年6月の教授会において，各科から「学科課程改正」の案が提出され，大枠が決まる。「文科履修科目及課程内規」の改正案によれば，文科を哲学科，史学科，文学科の3科に分かち，履修科目を専攻・第一選択・第二選択に分かつものであった。3科の専攻科目は，哲学科が，哲学・哲学史，倫理学，心理学，社会学，教育学，宗教学，美学・美術史，支那哲学史，印度哲学史，史学科が，国史学，東洋史学，西洋史学，文学科が，国文学，支那文学，英文学，仏文学，独文学，以上17専攻学科目であった。

　この年の10月，帝国大学令が国立総合大学令に名称変更されたのに伴い，九州大学と名称変更される。翌年1月には3学部分立を全学の委員会に正式に提案することを申し合わせる。このようにして，1949年4月1日付で法文学部は廃止され，新たに法学部・経済学部・文学部が設置される。四半世紀に及ぶ法文学部の時代はここに幕を閉じる。5月に新制の九州大学が発足する。同時に教育学部が創設され，教育学講座は文学部から離れる。

(2) 文学部の発展

　1949（昭和24）年4月6日開催の第1回文学部教授会で，干潟龍祥教授が学部長事務取扱に推薦される。5月には，「教授会運営内規」，「評議員選挙内規」などが決定し，6月には，「学部長選挙内規」および「文学部長候補者選考委員会規則」が施行され，7月2日の学部長選挙で，干潟教授が初代の文学部長に選出される。6月に設定された「文学部規則」では，文学部には哲学科，史学科，文学科を置き，各学科を各専攻学科に分けるとされた。各講座の人事も進められ，研究・教育体制も次第に充実していく。1950年には，対馬共同調査について，八学会連合会長より古野清人教授らに調査員の依頼がある。麻生文庫の寄託（後に慶應義塾大学へ）が行われるのもこの頃である。10月の教授会では，文学部の将来計画として，応急的措置と理想的計画を評議会に提案することに決定した。前者には，考古学，人文地理学など5講座の増設要求，後者には，社会学，文化人類学，人文地理学のほか，図書館学，新聞学，社会事業学の諸講座をまとめた社会学科（第4学科）の新設が含まれている。

　1953年には，全学的に新制大学大学院が設置され，文学研究科が開設される。9つの専攻課程からなっており，大学院学則によれば，各課程は学科目から成っているが，そのうち特研を有する学科目だけを以下に記す。哲学・哲学史専攻（哲学，西洋哲学史，印度哲学史，倫理学，美学・美術史），社会学専攻（社会学，宗教社会学），心理学専攻（心理学），中国学専攻（中国哲学史，中国文学），史学専攻（国史学，東洋史学，西洋史学），国語学・国文学専攻（国語学・国文学），英文学専攻（英文学），仏文学専攻（仏文学），独文学専攻（独文学）。大学院の教育に関しては，文学研究科委員会が組織され，当初は1コース2名以上という文部省の設置基準に従って，外部や教養部の教官も名を連ねていたが，実質は内部講座の指導教官による会議で運営が行われていた。

これより先，新制九州大学となった年の7月から，一般教養課程が実施される。1955年には六本松に設置された九州大学分校が，教養部としてスタートする。大学入学試験制度も，新制発足当時は文科系・理科系でまとめられた入試が行われ，進学時に各専門学部に分かれることになっていたが，1952年度からは学部別入試が実施されることになる。この年度は，募集人員100名に対して志望者245名，合格者94名，うち女子5名であった。入試制度の変更によって，教養部入試への協力体制の強化，教養課程学生への積極的ガイダンスが図られていくことになる。

　1957年9月には，文学部同窓会が発足し，翌年3月に『会報』第1号を発刊する。卒業生相互，また母校との間をつなぐ力強い「動脈」であるとともに，文学部の歴史を刻む貴重な史料となっていく。新制大学となって以来，講座増設は将来計画の懸案事項であったが，1958年度にようやく考古学講座の設置が認められる。文学部独立後最初の講座新設である。翌年，「木を植える会」が立ち上げられる。後の「樹の会」（33頁）の遙かなる前身であり，教官による醵金も行われるが，新館増築まで植樹は見合わせる。移転計画がすでに動き出していたからである。

第3節　移転・紛争・成長

(1)　新館建設による移転

　法文学部創設から40周年にあたる1964（昭和39）年の7月，文学部は，文科系4学部のしんがりとして，箱崎小石町の敷地に竣工なった新館に移った。

　のちに貝塚地区と呼ばれるようになる国道3号線沿いのこの土地に文科系4学部が移転することは，1953年9月に決定していた。新制大学への移行にともなって教員・学生・蔵書が増え，旧法文学部本館では手

狭になったためである。ところが，新館の建築面積や図書館との位置関係などが原因で作業は長期化した。中央書庫による蔵書の集中管理を主張する他学部に対し，文学部は，書庫を併設する研究室を基本とする方針を譲らなかった。最終的には，中央書庫の周囲に廊下を隔てて各研究室を配置する案によって解決がはかられた。移転時の前川俊一学部長は，文学部同窓会の『会報』第8号で，文学部の建物としては，現在，全国の国立大学のなかでもっとも立派なものと誇っている。

　移転によって研究・教育環境は変化した。とりわけ大きいのが，すべての研究室が個室を持つに至ったことである。哲学と倫理学，あるいは国史学と国文学というように，複数の研究室がひとつの部屋に同居していたそれまでの状態は解消され，名実ともに独立した研究室が成立した。しかし一面では，講座の枠や，ときには哲学・史学・文学という学科の枠をも超えて存在していた繋がりを，弱めるものでもあった。

　キャンパスとともに，そこに通う学生も変わった。特筆すべきは女子学生の増加である。新制大学の初年度にあたる1949年には，135名の入学者のうち僅か2名であったものが，移転の実施された1964年には132名中67名と，はじめて男子を上回った。大学院生はいまだ男子の比率が高かったが，毎年20～30人が入学した。新しいキャンパスにおいて，これまでとは質量とも異なる学生たちとともに，文学部は政治の季節を迎える。

（2）　紛争に揺れる文学部

　紛争期の文学部は，教授会と学生自治会との主張の隔たりが他学部以上に大きかった。教授会は，若干の揺れはあったものの，全学のいわゆる長期柔軟路線と比べると，暴力に対し強い態度で臨んだ。ただし学部内に著名な「造反教授」がいたこともあり，意見の集約は容易でなかった。教授会の開催数は1968（昭和43）年度が69回，69年度が86回を

数える。一方，学生自治会は，日本民主青年同盟（民青・日本共産党系）が優勢な学部が多かったなか，文学部では一貫して反帝学生評議会（反帝学評）の指導下にあり，大学当局との対決姿勢がひときわ鮮明であった。

　学生運動において九州大学という場に注目が集まったのは，アメリカ海軍の原子力空母エンタープライズの佐世保寄港がきっかけであった。日本マルクス主義学生同盟中核派（中核派）をはじめとするいわゆる三派全学連（反民青系）が，九州大学を寄港阻止運動の拠点に設定したためである。大学当局は，事前の情報に基づいて対応策を講じたが，1968年1月15日より19日にかけて，中核派と反帝学評の学生らによって教養部の学生会館が占拠された。文学部教授会では，外部の力を借りる必要があるとの議論も出たが，警官を導入しないという全学の方針を追認する方向で結着した。

　新学期に入ってキャンパスが静謐さを取り戻しつつあった6月2日の夜，在日米軍板付基地に帰還しようとしていたファントム偵察機が，建設中の大型計算機センターに墜落した。この事故を機に，全学的には水野高明総長を先頭に板付基地の撤去運動へと突き進むなか，文学部教授会は，米軍機の残骸の撤収と安全保障の問題とは，原則的に切り離して交渉すべしとの立場を打ち出した。

　7月9日，評議会は，大学の自主的判断で機体を引き降ろすと決定した。民青系は条件付きで引き降ろしを認めたが，反民青系の学生はそれに反対して実力阻止を唱えた。31日には，文学部を中心とする反帝学評の学生が引き降ろしの準備作業を妨害，翌日には，引き降ろし反対派の学生が作業予定地にバリケードを構築した。さらに8月23日には反対派学生が民青系の教職員・学生を襲撃し，20名以上の重軽傷者を出すという事件が発生，引き降ろし作業は中止された。この事件の襲撃者たちについて，文学部教授会は告発を可とし，その後に評議会が決定を保留した際にも，文学部ではなお告発の意見が強く，承服しかねる旨を

回答している．一方で9月19日の文学部学生大会は，7月9日の評議会決定の白紙撤回と機体引き降ろし反対の方針を可決した．
　10月24日の夕刻に反帝学評が文科系本館の封鎖を敢行すると，民青系がこれを排除してさらにバリケードを構築したことから，両者の乱闘となった．双方とも角材などで武装していたため，20名以上の負傷者が出た．本件の被害届を出すかどうかをめぐって，教授会では，可12，否14，白票2となり，評議会は被害届を提出しないことを決めた．事件の責任をとって中村幸彦学部長は辞任，鬼頭英一が後任に選出された．
　1969年1月5日の機体引き降ろし事件と入学試験を経て，新年度に入る頃から，いわゆる大学立法が争点となってきた．文学部では，学生自治会が4月25日より5月2日まで，文科系本館のバリケード封鎖を行った．ついで5月20日の学生大会は，大学立法反対を掲げた無期限のバリケード・ストライキを98対42で可決，すぐさま文学部の事務室・研究室を封鎖した．鬼頭学部長は病気によって辞任，後任には谷口鐵雄が選ばれた．谷口は，8月14日以降は総長事務取扱を兼ね，全学の方針転換を進めることになる．
　封鎖を予想して重要な書類を持ち出していたため，文学部の事務は場所を農学部に移して継続した．しかしそちらも6月24日に封鎖され，以後は三畏閣や民間の倉庫に分散する形となった．教授会も会場を転々と変えて開かれた．大学立法については，文学部教授会でも批判的な声が強かったが，全会一致とはならず，反対声明は文学部教授団の名義で発することとした．
　夏休みがあけると，理科系学部の多くでは授業が再開された．これに対し，事態打開の方向性が見えない文学部では，新たに『九大文学部報』を発刊し，「このままに推移すると，社会の信頼を失うだけでなく，閉学，廃学部等の悲劇的結末を見ることは明らかであって，われわれはこれを絶対に避けなければならない」と，危機感を募らせる．9月22日

の教授会では，機動隊を導入してでも大型計算機センターの再建をとの意見にまとまった。

そして10月14日午前6時過ぎより機動隊が学内に入り，封鎖解除を実行した。その後も小さなトラブルが続いたため，25日午前8時まで機動隊は駐留した。授業の再開は11月4日。比較的に早期に再開できた要因として，封鎖建物内の破壊・破損が少なかったことがあった。教員も学生も注意してことを運んでいたのとともに，両者の間に立った職員の努力があった。

ところが授業再開になかなか応じない教員がいた。滝沢克己である。滝沢は，バルトに学んだ個性的哲学者として高く評価されていたが，その名が広く知られたのは，『朝日ジャーナル』11-26・27に掲載された山本義隆（東大全共闘議長）との往復書簡による。紛争期の滝沢は，主張を記した私製ビラをつくり，バリケードの中で自主講座を開き，抗議の断食を行うなど，学生自治会の伴走者のごとく，文学部教授会を激しく批判した。学部長経験を有する「造反教授」は，1971年5月に定年を待たずに退職する。しかしその後も倫理学研究室には影響が残り，「正常化」にはなお数年を要した。ただそうした滝沢が，次のように述べていることは記しておきたい。文学部は，はっきりとした抗議行動を含めて，私のすること，言うことを，強権をもって禁圧したことは一度もなかった（「私の〈大学闘争〉」『情況』35，1971年）。

紛争によって文学部は，幾人かのすぐれた教職員と有為な学生を失った。なかでも鬼頭前学部長の自死は，大きな衝撃を与えた。

(3) 平穏への復帰と成長

大学紛争は学部の運営に重大な反省を迫った。文学部教授会でも改革が検討され，1968（昭和43）年12月に設置された企画調整委員会が，翌年9月と10月の2度，「研究教育体制の改革案」を答申した。研究

室を廃して教員は教授団という複数のグループを形成，学部学生の学科・専攻への分属をやめ，大学院生は日本学・東洋学・西洋文学・西洋史学・西洋哲学・人間科学の6つのグループのいずれかに所属するものとするなど，講座の枠を超えた体制の構築を目指すものだった。ところが改革案は，一方で真の問題点を弥縫する小手先のものとの批判を受け，他方で講座制は堅持すべしとの反発を生む。1972年に作成された「九州大学文学部将来計画案」では，文学部を6年制とし，教養部を含めた教員の再配置を計画した。いずれの案もほとんど実行に移されることなく終わったが，現在の地点から振り返れば，その方向性やそれをめぐる賛否の議論は，のちに文学部が直面する諸改革のまさに原点であった。

　法文学部以来，哲学・史学・文学の3学科で構成されてきた文学部は，1964年4月にはじめて学科増設の議決を行った。前年9月に心理学・宗教学・社会学の諸講座より提案があり，学科名を人間科学科とし，上記3講座に関連講座を増設する形で1965年度の概算要求を提出したが，実現しなかった。その後も，学科の名称や要求順位などに変化はあったが，毎年のように要求を繰り返した。しかし教育学部における関連講座との関係，さらに1970年代後半以降は学際大学院構想との関係などもあり，文学部は3学科のまま「大綱化」の波を被ることとなる。

　このように，紛争後の1970年代と80年代の文学部は，一部で変化に向けた模索がなされたものの，表面的には頗る安定した時期であった。そしてその間に研究教育の拡充は着実に進展した。1964年の言語学，1968年の英語学・英文学第二に続き，1974年に朝鮮史学，1978年に地理学，1986年に地域福祉社会学の各講座が設置された。1934年発足の九州文化史研究所は，1965年に文学部附属九州文化史研究施設となり，同年に対外交渉史部門，1976年に比較考古学部門が設置された。

　1980年代に入ると，それまで主に教員の個人的努力に委ねられてきた海外との学術交流を，学部レベルに拡げていく動きが本格化する。

1986年4月には暨南大学文学院（中華人民共和国）と，90年12月にはバーミンガム大学人文学部（英国）と部局間学術交流協定を締結している。これらの成果もあって，貝塚に移転した1964年には1人も在籍していなかった留学生が，80年代末には50名以上にまで増加した。

　新たな取り組みもなされている。1979年には，同年にはじまった共通一次試験にあわせて，二次試験で小論文を導入したほか，第1回の九州大学公開講座を中心となって実施した。また全国的にも珍しい新任教員による就任講義は，1988年に開始されている。

　貝塚地区への移転後も，文学部の狭隘さは解消しなかった。そのため，1972年に春日原への移転計画が打ち出されると，文学部教授会は積極的に賛同した。この計画が失敗に帰して以後も，基本的には移転が必要との立場をしばらくは保持した。経済学部の新館建設にともなって文系4学部の再配置が行われ，文学部は半年間にわたって旧法文学部本館へ「復帰」し，そこから戻った1983年には研究室の面積に若干の増加を見た。この修築を経ることで，移転によって事態解決を図ろうという議論は大きく減退した。しかし1991年の時点で，鈴木廣学部長が，文系キャンパスの現状は，おそらく日本の最低であろうと嘆いたように（文学部同窓会『会報』第34号），解決策が見出されたわけではなかった。

第4節　文学部改組と人文科学研究院の成立

（1）　文学部改組と大学院重点化

　1990（平成2）年10月，文系地区に「樹の会」（会長：中村 質 国史学講座教授）が発足し，緑が少ない文系キャンパスを「蒼々たる緑」にするべく，活動を開始した。その結果，文系キャンパスには多くの木が植えられ，講義棟と研究棟の間の道路の中央にケヤキ並木が配置され，景

観が大きく変わった。

　1991年6月24日，文部省は「大学設置基準の一部を改正する省令の施行等について」という通知を各大学に通達した。大学設置基準の「大綱化」により制度の弾力化を図るという趣旨であった。同年10月，九州大学新キャンパス移転構想（第1次案）が了承され，元岡キャンパスへの移転が決定した。これ以降，「大綱化」にともなう大学改組と新キャンパスへの移転が九州大学の大きな課題となった。新キャンパスへの移転に対して，文学部は基本的に消極的な立場であったため，長く移転への対策を積極的に講じなかった。

　移転決定のため，福利厚生施設等の建設は困難となり，1992年9月，箱崎文系地区の食堂・学生控室・書籍部等の改修が行われた。1993年4月には，文学部史学科にイスラム文明学講座が開設され，10月に清水宏祐教授が着任した。国立大学の史学科にイスラム史研究に特化した講座が設置されたのは日本初のことであった。同じころ，文学部に教員親睦のための旅行が復活し，今日に至っている。

　大学設置基準の「大綱化」は，全国の国立大学に大きな改革の波をもたらした。多くの大学で初めに着手されたのは，教養部改組（教養部の廃止）であった。九州大学は，1993年9月に教養部の改組と大学院比較社会文化研究科等の新設を発表した。1994年4月1日に教養部は廃止され，大学院比較社会文化研究科が発足した。教養部教員は，多くは新設大学院に移ったが，文学部にも8名の教員が移った。また，文学部からは，附属九州文化史研究施設の教員4名や有馬學教授（国史学）と考古学講座が新設大学院に移った。同時に文学部では，戦前以来の哲・史・文体制に終止符が打たれ，人間科学科（言語学・応用言語学，地理学，心理学（2講座），比較宗教学，社会学，地域福祉社会学の計8講座）が第4の学科として誕生した。

　教養部廃止の結果，入学時から学部が新入生の教育その他の責任を大きく持つことになった。文学部では，1年次の専門科目として，「哲学

A～B」「史学A～C」「文学A～B」「中国学」「人間科学A～B」を新設した。翌1995年には，文学部2年生の学部進学が，それまで10月であったものが，4月に変更された。これも教養部廃止の影響である。また，大量不明本の存在等により，同年4月には，各研究室からは文学部書庫に入れないようになり，1階の文学部図書閲覧室から入るようになった。さらにそれまで研究室毎に区画されていた書庫の仕切りが取り払われた。

大学改革の波は教養部改組のみでは終わらなかった。九州大学は，1995年に「九州大学の改革の大綱案」「続・九州大学の改革の大綱案」を決定し，次の学部・大学院改革に向けた大きな方針が策定された。こうして，文学部は学部・大学院改組＝大学院重点化への道を歩むこととなる。しかし，教員が学部所属から大学院所属にシフトする大学院重点化はなかなか進展せず，将来計画委員会や教授会で激しい議論が続いた。そうした中で，社会学・比較宗教学などの講座が教育学部や工学部建築学科と連携し，学際大学院を作るという案が浮上した。1998年4月，大学院人間環境学研究科が発足し，大学院文学研究科から，心理学（2講座）・比較宗教学・社会学・地域福祉社会学の計5講座が同研究科に移籍した。こうして，従来の学部（文学部）と大学院（文学研究科）の2階建て構造が変化し，両者の構成が異なることとなった。

1999年からは，文学部同窓会の主催で，学部生に対して就職活動支援講演会が実施されるようになった。これはバブル崩壊後の不況による厳しい就職難に対処するためであった。文学部卒業生は，かつては多くが教職に就いたが，少子化による教職定員の減少により，教職への就職は困難となった。就職が好調であったバブル期に文学部卒業生の一般企業への就職が増大した。その傾向はバブル崩壊後も継続している。また大学院への内部進学者の減少もこのころから目立つようになってきた。この就職活動支援講演会は，2003年度から文学部の主催（同窓会との共催）となり，現在に至っている。

大学院重点化への方向が進むなか，教員が1名のみのいわゆる不完全講座の解消が図られ，多くの講座で教授・助教授がそろうこととなった。その反面，定員削減とも絡んで，助手のいない研究室が増大し，研究室運営や教育面で問題を抱えることとなった。

　紆余曲折の末，2000年4月，文学部の大学院重点化が実現した。教員の所属する組織として，3部門（哲学，歴史学，文学），18講座からなる大学院人文科学研究院が作られた。講座は一部，大講座となった。講座の名称変更も行われ，美学・美術史が芸術学に，国史学（第一・第二）が日本史学に変更された。文学部は人文学科1学科4コース（哲学，歴史学，文学，人間科学），21専門分野となった。教育組織としての大学院は人文科学府となり，3専攻（人文基礎，歴史空間論，言語・文学），10分野18専修となった。重点化にともない，大学院の学生定員も増加した。また，人文科学府には「現代文化論」という必修科目が開設され，どちらかといえば古典指向であった文学部・文学研究科に新しい風を吹き込んだ。考古学講座も比較社会文化学府と人文科学府との重担となった。

　こうして，九州大学の大学院重点化の方針に則って，組織上は教育と研究の分離が行われ，教員の研究の自由さと教育分野を越えた拡大が可能になった。これは，戦後の新制大学の設置以来の組織の大改編であった。しかし，従来から文学部が抱えていた研究室の狭隘さや図書収納スペースの不足といった施設の問題点は解消せず，大きな課題として残った。

（2）　21世紀の文学部・人文科学研究院

　2003（平成15）年4月，人文科学研究院の付属研究施設として，「言語運用総合研究センター」が設置された（センター長：坂本勉教授）。これは言語聴覚士を学術面でサポートすることなどを目的とした機関であり，毎年，言語の運用に関する講演会等を開催しており，社会に大いに

貢献している。

　大学院重点化後の大きな課題は，国立大学の独立行政法人化であった。このころ，自己点検や外部評価，中期目標・中期計画の策定といった新しい事業が大学全体に対して行われるようになった。2003年，文学部・人文科学研究院は，大学評価・学位授与機構による分野別教育評価を受け，10月14日・15日にヒアリングが行われた。2003年12月，文学部の教授が，大学院生・学部生・卒業生計45名からセクシャル・ハラスメント，アカデミック・ハラスメントで訴えられるという事件が起こった。調査・審議の結果，教授の長期にわたるハラスメントが認定され，教授は諭旨解雇となり，退職した。この事件を受けて，ハラスメント防止セミナーや研究会が開催されるとともに，ハラスメント防止の改善策が講じられた。人文科学府においては，指導教員制が改正され，講座の指導教員・副指導教員以外に，講座外教員による副指導教員が新たに設けられた。

　2004年4月に国立大学は独立行政法人に移行した。国立大学法人九州大学の誕生である。この時，第1次中期目標・中期計画（2004年度〜2009年度）が策定され，各学部・学府・研究院も中期の活動目標と計画を細かく作成した。大学院重点化，大学法人化という一連の流れの中で，文学部・人文科学研究院では，実学重視の傾向によって人文学を取り巻く環境が次第に劣化しつつあることが危惧され，あるべき人文学の姿を模索する議論が続いた。また，情報機器の普及と重点化・法人化等による作成・提出書類の増加によって，教員の事務量も大幅に増加した。

　大学法人化の前後から，競争的外部資金獲得の重要性が叫ばれるようになった。法人化に先立つ2002年，人文科学府と比較社会文化学府が合同で申請した「東アジアと日本：交流と変容」が，21世紀COEプログラム（人文科学）に採択された。この研究・教育プログラムによって，教員・大学院生合同による現地調査や研究会・講演会・シンポジウム等が行われたが，2004年度に厳しい中間評価を受け，結果的に3テーマ

から 2 つのテーマに変更された。中間評価後の 2 講師採用問題で人文科学研究院教授会は紛糾した。事業終了後の 2007 年 4 月より，両学府にまたがる「歴史学拠点コース」が設置され，合同の大学院教育を行うようになった。高校教員への歴史学・歴史教育セミナーも始まった。

2005 年 3 月 20 日，福岡西方沖地震（震度 6 弱）が起き，文学部の各研究室も書架が倒れ，図書が床に散乱するなどの被害を受けたが，各研究室員の尽力によって，急速に研究室は回復した。同年 4 月，文系 4 学部の事務統合がなされた。2006 年から，自己点検・評価の一環として，正式に教員業績評価が始まった。これは，各教員が教育，研究，国際交流，社会貢献，管理運営の 5 項目について活動計画書を作成し，委員会でその評価を行うものである。同年度末には，『九州大学大学院人文科学研究院外部評価報告書』を刊行した。

また教育面では，2006 年 4 月，学部 1 年生の全学教育科目として「コアセミナー」が設けられた。文学部では，1 年生全体を 10 クラスに分け，1 クラス 16 人を 4 人の教員で担当する入門ゼミを行うこととなった。人文科学府では，この年度から，優秀な博士論文（甲）・修士論文の提出者を顕彰する人文科学府長賞の制度が始まった。大賞は博士論文執筆者 2 名に，優秀賞は修士論文執筆者 3 名（各専攻 1 名）に贈られるようになった。

2007 年 4 月から，制度の改変により，助教授が准教授，助手が助教となる新しい教員組織に移行した。2009 年 3 月，六本松キャンパスが伊都新キャンパスに移転し，箱崎文系地区の移転も現実のものとして認識されるようになった。

2009 年は，文学部創設から 60 周年，法文学部創設から 85 周年にあたる記念すべき年であった。「文学部の輝かしい歴史と伝統を振り返り，人文学の本質を再認識すると共に，21 世紀の現代社会における文学部の存在意義を世に示す」ため，柴田篤研究院長のもと，「はごろもプロジェクト」が始動し，様々な記念事業が行われた。同年 4 月から，朝日

カルチャーセンター福岡教室と協力し，提携講座が始まった。9月19日には，文学部同窓会との共催で記念祭と祝賀会が行われ，多数の参加者があった。記念祭では，講演会や各研究室の研究活動紹介，箱崎九大記憶保存会制作のビデオ上映，『九州大学風景画作品集』原画展示，キャンパス見学会等が行われ，年度末には，記念誌『蒼天悠悠』が刊行された。

こうした「はごろもプロジェクト」の活動から，文学部の歴史を究明し，編纂することの重要性が認識され，2010年4月に「文学部歴史編纂室」が設置された。これは，九州大学百年史の部局史・研究室史の編纂とともに，文学部百年史の編纂・刊行も目標としている。第1次「中期目標・中期計画」が終了し，同年4月から，第2次「中期目標・中期計画」がスタートした。2010年度から，人文科学府博士後期課程の10月入学が可能となったが，さらに大学院生が国内外での学会で発表する時，旅費・宿泊費を支給する「大学院生学会発表等支援制度」が始まった。

2011年4月，統合新領域学府にライブラリー・サイエンス専攻が新設され，人文科学研究院からも兼任で数名の教員が参加した。さらに九州大学の女性教員採用・養成支援のプログラムにより，エレン・ヴァン＝フーテム准教授が採用され，人文科学府修士課程に英語のみで教育を行う「広人文学コース」が設置され，10月から新入生を受け入れた。また，この年から，研究院・学府における優れた研究業績の刊行を目的として，『九州大学人文学叢書』が設けられ，研究院所属教員と学府博士後期課程修了者（学府長賞大賞受賞者）各1名の著書を九州大学出版会から刊行するようになった。

海外の大学とも交流が深まった。2010年7月には，東義大学校（韓国）と，2011年11月には昌原大学校（韓国）と，2012年3月にはルール大学歴史学部・東アジア研究学部（ドイツ）との学術交流協定・学生間交流に関する覚書が締結され，多くの学生・大学院生や教員が交流するこ

とになった。こうした国際交流の進展によって，人文科学研究院に「国際化推進室」（現国際交流委員会）が設置された。さらなる国際交流の進展が期待される。

文学部・人文科学府・人文科学研究院の構成（2012年3月）

学部			学府			研究院		
学科	コース	専門分野	専修	分野	専攻	学府	講座	部門	研究院
人文学科	哲学	哲学・哲学史	哲学	哲学・倫理学	人文基礎	人文科学府	哲学	哲学	人文科学研究院
^	^	倫理学	倫理学	^	^	^	倫理学	^	^
^	^	インド哲学史	インド哲学史	東洋思想	^	^	インド哲学史	^	^
^	^	中国哲学史	中国哲学史	^	^	^	中国哲学史	^	^
^	^	美学・美術史	芸術学	芸術学	^	^	芸術学	^	^
^	^		広人文学コース		^	^	広人文学	^	^
^	歴史学	日本史学	日本史学	日本史学	歴史空間論	^	日本史学	歴史学	^
^	^	東洋史学	東洋史学	アジア史学	^	^	東洋史学	^	^
^	^	朝鮮史学	朝鮮史学	^	^	^	朝鮮史学	^	^
^	^	考古学	考古学		^	^	考古学	^	^
^	^	西洋史学	西洋史学	広域文明史学	^	^	西洋史学	^	^
^	^	イスラム文明学	イスラム文明史学	^	^	^	イスラム文明史学	^	^
^	文学	国語学・国文学	国語学・国文学	日本・東洋文学	言語・文学	^	国語学・国文学	文学	^
^	^	中国文学	中国文学	^	^	^	中国文学	^	^
^	^	英語学・英文学	英語学・英文学	西洋文学	^	^	英語学・英文学	^	^
^	^	独文学	独文学	^	^	^	独文学	^	^
^	^	仏文学	仏文学	^	^	^	仏文学	^	^
^	人間科学	言語学・応用言語学	言語学	言語学	歴史空間論	^	言語学	歴史学	^
^	^	地理学	地理学	地理学	^	^	地理学	^	^
^	^	心理学	人間環境学府				人間環境学研究院		
^	^	比較宗教学	^				^		
^	^	社会学・地域福祉社会学	^				^		

第2章 研究室史

第1節 哲学コース

(1) 哲学・哲学史研究室

　哲学・哲学史研究室は，1924（大正13）年9月の法文学部創設と同時に最初に第一講座が設置され，次に1925年5月に第二講座が，そしてさらに1926年5月に第三講座が増設された。これら講座の区分は哲学の研究領域の違いによるものであり，第一講座は哲学概論，論理学，認識論を，第二講座は西洋哲学史を，第三講座は国家および社会哲学を担当するものであった。この3講座制は，大学院重点化に伴う組織改革が行われた2000（平成12）年まで形式的に継続された。だが，3講座制はあくまで大学の組織上の区分であり，哲学の研究と教育が当初からこの区分を越えて柔軟に行われてきたことは言うまでもない。とは言え，1960年代頃まではこの組織区分が強く意識されていたと思われるので，それまでは講座別に在職した教員の系譜を辿っていくことにする。

　第一講座を最初に担当したのは，1924年に着任した四宮兼之である。四宮は近現代ドイツ哲学を専門とし，その超俗の風格をもって学生に大きな影響を与えた。1927（昭和2）年には法文学部長になり，学部の基礎を固めることにも貢献したが，1944年に満洲の建国大学に転任した。次は，1927年に着任した矢崎美盛である。矢崎は，本講座ばかりでは

なく美学・美術史講座の授業も同時に担当し，1935年にはその講座の担任に所属が変わったが，さらに1948年には東大に転任した。矢崎の名前は，岩波の大思想文庫『ヘーゲル「精神現象論」』によって広く知られるが，美学関係の著作も残した。3番目は，1946年に着任した田邊重三である。田邊は四宮と同じく広く近現代哲学を専門としたが，その高邁で自由な精神によって学生をよく啓発した。1959年に定年退職し，聖心女子大学に移った。

第二講座は，講座増設後しばらく担任を欠いていたが，1929年にようやく鹿子木員信が着任した。軍人から学者に転じ，欧米に留学して哲学の研鑽を積んだ鹿子木は，スイスアルプスやヒマラヤの登山家としても知られる。1939年までの10年間研究と教育に専心したが，その間，1932年から1年間法文学部長を務めた。転出後は国粋主義運動の指導者として活躍したため，戦後極東国際軍事裁判でA級戦犯の容疑を受けたが，不起訴処分になった。次は，1938年に着任した田中晃である。田中は，哲学史ばかりではなく倫理学や社会哲学の研究も行い，多数の著作を公刊した。1946年に山口大学に転出し，その後山口大学学長も務めた。田中の在職中の1944年に滝沢克己が講師として着任したが，1948年に倫理学講座助教授に転出した。したがって実質的に3番目の担任となったのは，同年に着任した長澤信寿である。長澤はプラトンやアウグスティヌスに特に造詣が深く，たくさんの優れた業績を残したが，『アウグスティーヌス哲学の研究』（1960）によって1961年学士院賞を受賞した。

第三講座の最初の担任となったのは，1925（大正14）年に着任した中島慎一である。中島は講座本来の研究分野である社会哲学を主に研究し，正統派の学究的な態度を貫いたが，大戦中の1943（昭和18）年に病没した。その後，第三講座は政府による教員削減措置の対象となり，長く欠員のままであったが，ようやく1955年になって山本清幸が着任した。山本は，近世哲学史を広く研究したが，中でも特にシェリングの

研究で知られる。1973年に退職するまでの18年間，第三講座をよく維持発展させた。

　3講座制は2000（平成12）年まで存続したが，国家および社会哲学を対象とする第三講座は，戦後は，第二講座が担当していた西洋哲学史を二分して，古い方の古代中世哲学史を第二講座が担当するのに対して，新しい方の近世哲学史を担当することになった。哲学の専門分野の区別に対応していた講座制は，これによってかなり緩やかな構成の組織に変わり，哲学の研究と教育がより柔軟に，より活発になっていった。そこで，1960年代以降については，講座別にではなく，年代順に教員の系譜を辿ることにする。

　まず，1960（昭和35）年前後に，その後哲学の各分野で活躍する新進気鋭の研究者が次々に着任し，九大の歴史に輝かしい一閃の光芒を放ったことが特筆される。その研究者とは，今道友信，藤沢令夫，黒田亘，松永雄二の4人である。今道（在職期間1958〜63，以下同様），藤沢（1958〜63），黒田（1961〜72）の3人は九大での在職期間は短かったが，強烈な記憶と長く続く影響を残した。今道は，東大の美学に移った後，日本の美学研究を長く牽引した。藤沢は京大に戻った後，プラトンを中心とする古代ギリシア哲学の厳密な文献研究と，それらを現代的な問題意識から鋭く問い直す清新な考察で知られた。また，黒田は東大に移ってから，九大在職中に着手した英米哲学の研究を発展させ，特にウィトゲンシュタインの研究の先駆者として後進に多大な影響を与えた。藤沢を継いだ松永（1962〜93）は，プラトン哲学の研究を専門にし，30年に亘る長い研究教育活動によって九大哲学の特色ある伝統を形成することに貢献した。同時期にはこの他に，古代哲学が専門の副島民雄（1963〜66）と，現代の現象学や実存哲学が専門の鬼頭英一（1965〜69）がいる。鬼頭は多くの著作を公刊するとともに学部長も務めたが，学園紛争で九大が全学の無期限ストライキに入っている最中に自ら命を絶った。

　次に，1970年代には，その後長く在職し，九大哲学の充実と発展に

寄与した3人の研究者が相次いで着任した。稲垣良典（1972～92）はトマス・アクィナス研究の第一人者として知られ，その主著『神学大全』の翻訳（1960～2012）を中心となって進めた他，それに関連した研究書や概説書など多数の著作を公刊した。山崎庸佑（1974～98）はニーチェや現象学の研究で知られ，ニーチェ哲学を現象学の視点から解釈するという野心的な研究を展開した。ニーチェ哲学の概説書である『ニーチェ』（1996）は多くの読者を獲得した。谷隆一郎（1979～2009）はアウグスティヌスを中心とする教父学を専門とするが，アウグスティヌスからニュッサのグレゴリオスや聖マクシモスへと研究を拡げ，その翻訳や研究書を公刊した。

　最後に，1990年代以降現在に至るまで，着任した教員は次の通りである。中畑正志（1991～95），圓谷裕二（1994～），納富信留（1996～2002），菊地惠善（2001～），岩田圭一（2008～），倉田剛（2011～）である。古代ギリシア哲学を専門とする中畑と納富は比較的短い在職期間の後，それぞれ京大，慶應大に転出した。2012（平成24）年現在在職しているのは，カントやメルロ゠ポンティを専門とする圓谷，ヘーゲルやハイデッガーを専門とする菊地，アリストテレスを専門とする岩田，現象学や現代存在論を専門とする倉田の4人である。

　西日本の基幹大学である九大は，西日本地区の哲学関係の学会の設立と運営にも大きな役割を演じた。1つは，1950（昭和25）年に設立された「西日本哲学会」であり，その初代委員長を務めたのは田邊重三である。この学会は2010（平成22）年に創立60周年を迎えたが，その年の大会は九大で開かれ，黒田亘を記念するシンポジウムが催された。また，その学会誌『西日本哲学年報』は1993年に創刊されたが，その発刊に尽力したのは山崎庸佑である。そしてもう1つは，九大関係者を中心とする「九州大学哲学会」である。この学会は1964（昭和39）年に設立され，2014（平成26）年には創立50周年を迎える。この研究発表大会は例年9月末に九大で行われ，また学会誌『哲学論文集』を発行している。

哲学・哲学史研究室に在籍する院生と学部学生の数は，1970年代には50名を超える年もあったが，その後は30名前後で推移している。最近では外国人留学生が少しずつ増えてきており，近隣の中国や韓国からの留学生ばかりではなく，遠くブラジルからの留学生も在籍している。

　哲学・哲学史研究室の卒業生や修了生の進路は，哲学を専門とする大学教員の他に，公務員や一般企業などさまざまである。研究室出身の哲学研究者には，菅豊彦，岩隈敏，浜渦辰二などがいる。しかし，その大学教員への就職について言えば，1991年の大学設置基準の大綱化に伴う全国的な大学改革の実施以降，非常に困難になってきているのが現状である。

　講座開設以来90年近くも経ち，九大に在職した教員の数も多いので，一概に九大哲学の学風を語ることはできないが，戦前戦後を通覧すると，ある際立った特徴を見出すことができる。それは，内容的には古典哲学を，方法的には原典読解を重視する傾向である。これ自体は，哲学研究の最も正統的な，基礎的で必要不可欠な学習と訓練であり，これに基づいた専門的な研究が非常に重要であることは言うまでもない。しかし，哲学は，単に過去の遺産を解釈することを目指す歴史学的な研究に終わるものではなく，本来，自由で批判的な精神によって多様で複雑な現実と対面し，そこに伏在する普遍的な問題を常に新たに探究していく活動である。今後，九大哲学には，古典の読解を厳密に行うよい伝統を受け継ぎながらも，哲学本来の批判的で創造的な研究と思索の段階へと脱皮し前進することが期待される。

　さらに，大学における哲学が，研究の面からばかりではなく，教育の面からも問い直されていることを忘れてはならない。哲学という学問はかつて，一般教養の断片的な知識か，特殊な学生がはまる党派的な理論のようなものと思われていた。だが今日では，哲学は，物事を根本から，本質的に，しかも全体的に考える技術として，徐々に広く理解され，世

間の関心を集めつつある。今こそ，時代の課題に真摯に応える責任と意欲をもって物事の本質の探究に取り組んでいく，そうした哲学が求められている。九大哲学は，そういう哲学教育の拠点たりえるし，また近い将来必ずそうならなければならない使命を負っていると言えるだろう。

(2) 倫理学研究室

1924 (大正13) 年9月26日法文学部の創立と同時に倫理学研究室は開設された。研究室の90年は，大きく4つの時期に区分することができる。第1に大島直治を中心とする戦前の創設期から戦後に至る時期，第2に滝沢克己を中心とする学生運動前後の時期，第3に増永洋三を中心とする時期，第4に増永退官後の細川亮一を中心とする時期である。第1期と第2期，第2期と第3期の間にはそれぞれ専任教員が不在の時期がある。

大島は東京帝国大学文科大学哲学科倫理学専攻を卒業し，中島力造に師事した時期を経て，第七高等学校造士館教授に就任。『九州帝国大学新聞』創立25周年記念号に寄せられた大島自身の文章によると「新に創立されるべき学部の教官候補者の1人として，独・英・仏の諸国に留学を命ぜられ」て，西洋倫理学史特にギリシャ思想研究に従事し，帰国後本研究室を開設する。

大島の開講科目には，西洋倫理学史，倫理学演習，倫理学概論などがあり，倫理学史ではプラトンを中心としたギリシャ思想史を，演習ではアリストテレス，カント，フッサール，ハルトマン等を，概論ではカントを論じている。教授在任中の著述としては「行為と自由意志」(1940。これが掲載された『哲学年報』は第1輯である) および『中学修身書』5巻 (1933) がある。この修身書は多年にわたる学術的研鑽の結実であり，その基調は西洋的倫理学と東洋的儒学との呼応相補関係において把握された，普遍的人道主義であるとされた。大島については，「法文学部の

長老で，美濃部不在中は学部長代理をやったが，倫理の先生は事務がニガ手で法経の『若い者』から散々イジメられた」や「古い学者気質で，大学生を白線帽のように鍛えたので倫理をやる学生は少なく，たまにあっても卒業論文で8年も引っ張られて，やっと卒業した学生もあった」等との記述も見られる（鬼頭鎮雄『九大風雪記』1948）。

　新開長英は大島を補佐し学風の宣揚に尽力した。1928（昭和3）年九州帝国大学法文学部卒業，1932年に助教授に就任。演習ではシェーラー，カント，ブレンターノ等を論じ，概論では「ドイツ理想主義の倫理学」「現代の倫理学——新ヘーゲル派——」等のタイトルで講じている。「カント哲学における道徳目的論の意義について」(1937)，「パトスの倫理よりエートスの倫理へ」(1940)，「人倫的秩序」(1942)等の論文がある。

　1939年大島の退官後，3年ほどして，新開も神宮皇学館大学の教授に就任している。この間，哲学研究室の四宮兼之，中島慎一両教授が分担した時期もあったが，これは両教授の哲学の授業が流用されたに過ぎない。1943年には永野羊之輔が講師に嘱託されて西洋古代倫理学を講じ，演習ではカントやシェーラーを論攻しているが，1945年4月には臨時召集のため入隊。1946年度には法文学部講義題目から倫理学講義は消えている。

　戦後，九州帝国大学が九州大学となり，1950年，研究・教育の内容において「哲学」「倫理学」の区別を置かないことを条件として，教授滝沢が倫理学研究室担任となり倫理学研究室は再建される。滝沢は九州帝国大学法文学部哲学科を卒業後，同大学副手，助手を経てドイツに留学。帰国後は山口高等商業学校に勤めた後，1944年より九大法文学部嘱託講師，1947年2月に西洋哲学史研究室専任講師として母校である九大に復帰し，1948年3月同助教授，1950年8月に教授となる。ドイツ留学中は西田幾多郎の勧めによりカール・バルトに，バルトの勧めでルドルフ・ブルトマンに師事し，新約聖書とバルト神学，ブルトマン神学を学ぶ。倫理学研究室在任中の著書・論文には「仏教とキリスト

教──久松真一博士の『無神論』に因みて」(1950),『デカルト「省察録」研究〈上〉』(1950),『現代哲学の課題』(1952),「現代の精神的状況」(1961),「『現代』への哲学的思惟」(1969),『現代の事としての宗教』(1969) 等があり，また講義や演習のテーマも新約聖書，西田幾多郎，夏目漱石，バルトの他にスピノザ，デカルト，ヘーゲル，キェルケゴール，カント，フォイエルバッハ，マルクスなど多岐に渡っている。滝沢の関心は，研究室の枠にとらわれず哲学，神学，経済学等人間存在に関する基礎的諸学の接点を深く尋ね，人間存在を厳密・客観的・論理的に解明することにあったと考えられる。

1956年には森田良紀が講師となり，1958年に助教授に就任。森田は授業では16〜17世紀フランス，ドイツの思想史やドイツ観念論，ロック，バークリー等を論じ，論文に「デカルト，神の第三証明──主意的要素をめぐりて」(1951),「機械と精神」(1955),「真について──現実と夢──」(1960),「善について」(1960) 等がある。特に英，米，独，仏各国にわたる精細無比な哲学史的知識を駆使して滝沢教授の欠を補いつつ，独自の鋭い思索を展開した。

この時期には研究室の学生数は増えたり減ったりし，多いときには20名を超えることもあった。

だが，滝沢は1971年，定年を前に退官し，その翌年に森田も退いて，以後哲学・哲学史の稲垣良典・松永雄二・山崎庸佑の兼担の数年が続く。研究室が落ち着きを取り戻すのは1975年に山口大学から増永を教授として迎えてからである。増永は滝沢の影響を払拭しようと苦労していたそうである。卒業生どうしの縦のつながりもここでほぼ途切れている。専門については，増永はフランス倫理思想全般に詳しく，これに立脚して近代の実践哲学の諸問題の解明に努めていた。授業ではデカルト，ライプニッツ，メルロ゠ポンティ，ベルクソン，ブロンデルを論じ，在任中の著書にも『ライプニッツ──人類の知的遺産』(1981),『フランス・スピリチュアリスムの哲学』(1984),『M. ブロンデルと近代的思惟』

(1992) などがある。演習ではテキストを1時間に2ページほどのペースでゆっくり読み，細かく議論を重ねていくスタイルであった。

一方，1979 年に山口大学から助教授として赴任した細川亮一は，主として近代から現代に至る形而上学を研究しており，授業ではヘーゲル，シェーラー，ハイデガー，フッサール，ヴィトゲンシュタインなどを論じていた。これによりドイツ語系の思想家を研究する学生も増えることとなる。演習は，担当者が訳出したテキストの要点を述べ，疑問を提出して議論する，というもので，15 時から始まり 21 時や 22 時まで終わらないこともあったという。非常に緊張感のある雰囲気で行われていたようであるが，安易な妥協を許さず出席者に対する要求水準が高かったためである。

もう1人，この期の倫理学研究室にかかわりの深かった人物に花田伸久がいる。花田は九州大学文学部哲学科の出身で，2年半ほど山口大学に勤めた後に九大教養部の助教授となり，滝沢と森田が退いて後専任不在であった間の数年と，1985 年以降ずっと，非常勤として倫理学研究室の授業を担当している。1992（平成 4）年に増永が定年退官し，その2年後の 1994 年には花田が文学部倫理学研究室の教授に配置換えとなり，以後花田の定年までの3年間は細川・花田の2人体制であった。倫理学研究室の授業では一貫してカントを論じていたが，在任中の業績には「世阿弥の音曲習道論における『機』」(1994)，「虚無僧の天蓋」(1996〜97) などがあり，日本思想を研究テーマとする留学生の指導などもしていた。

花田の退官後この留学生の指導を引き継いだ細川は，以後日本思想にも多く目配りをするようになる。演習で道元を読んでいたこともあった。増永・花田の退官後から現在に至るまでは，教員・学生の研究テーマが西洋だけでなく日本へ，古典だけでなく現代へと広がり，また指導体制なども変化していった時期である。

2000 年には奥野満里子が助教授として，翌年 10 月には宮島 磨（おさむ）が助

教授として赴任する。奥野はシジウィックを中心に現代倫理学を研究しており，業績は「医学・医療からみた QOL」『幸福と医学』(共著, 2004) などがある。宮島の専門は中世日本仏教であり，業績には「『閑居友』における結縁の諸相」(2010) などがある。この頃倫理学研究室の開講科目は「倫理学基礎論講義／演習」「日本倫理思想講義／演習」「現代倫理思想講義／演習」と分けられ，それぞれ細川・宮島・奥野が担当することとなった。また，「論文指導」という授業が設けられたのをきっかけに，論文指導の形態も変化した。増永・細川の時期には，両者が顔を揃えて論じる機会は卒論・修論の口頭試問時に質疑応答をするくらいであり，学生の論文指導も個別に対応するという方法をとっていたが，「論文指導」ゼミができてからは，このゼミに教員3名が揃って出席し，専門の垣根をこえて皆で議論するというのが細川の方針であった。このゼミは大学院のゼミであったが，学部生が増えた時期には卒論の指導もここで行う慣習になっていった。卒論のテーマも，日本思想に関するものや，現代における応用倫理の問題を扱うものが増えてくる。特に後者は年々増え続け，現在では，哲学思想に取り組んだ卒論よりも社会倫理的問題を扱ったものが多くなっている。

　哲学・哲学史研究室とのつながりは以前からあったが，1987年には両研究室の学生が連携し「哲学・倫理学研究会」が発足，学生主体での研究発表誌『ディアロゴス』も1996年頃まで発行されていた。

　奥野の在任期間は2004年までと短く，その後2007年には吉原雅子が講師として着任。吉原の専門は現代分析哲学で，奥野の担当していた授業を引き継ぐこととなる。

　細川は2012年に定年退任。在任中の業績は編著や翻訳をあわせると50近くにも及び，単著として『意味・真理・場所——ハイデガーの思惟の道』(1992)，『ハイデガー哲学の射程』(2000)，『形而上学者ヴィトゲンシュタイン』(2002)，『ヘーゲル現象学の理念』(2002)，『アインシュタイン物理学と形而上学』(2004)，『純化の思想家ルソー』(2007)，『道

化師ツァラトゥストラの黙示録』(2010),『要請としてのカント倫理学』(2012) がある。

(3) インド哲学史研究室

　九州帝国大学法文学部創立の翌 1925（大正 14）年，干潟龍祥（1892 年 2 月 7 日〜1991 年 10 月 13 日）が助教授として来任。1926 年 5 月 13 日，法文学部文科に印度哲学史講座（1954（昭和 29）年「インド哲学史」と改名）が増設される。初代の教授は干潟龍祥，助教授は小野島行忍。

　干潟は 1917（大正 6）年東京帝国大学文科大学哲学科を卒業，1923 年に東京帝国大学講師となり，1925 年に九州帝国大学法文学部助教授として来任する。1926 年，印度哲学史講座の教授に就任後，1927（昭和 2）年，英仏独印に留学，広く資料の蒐集に努めると共にエルンスト・ロイマン教授の許で仏教梵語の研究を深め 1929 年に帰国する。外遊中は中野義照が講師に当たる（1927 年 3 月〜1929 年 3 月）。干潟は大乗仏教の菩薩思想の起源を求めて本生経類の研究に着手。研究は『本生経類の思想史的研究』(1954) に結実する。干潟は 1955 年 3 月末定年退官。小野島は，1922 年東京帝国大学文学部梵文学科を卒業，1926 年九州帝国大学助教授となり，1945 年病没するまで在任する。専攻分野は梵文学で，「リツ・サンハーラ」（『文学研究』10, 11, 13）他の訳業を残している。

　小野島助教授没後，渡邊照宏が助教授となり，1948 年より 1953 年まで在任したが，その間病気のためついに福岡に赴任することがなかった。

　1951 年には，伊原照蓮（1920 年 3 月 25 日〜2012 年 1 月 29 日）が講師として着任する。伊原は，1944 年東北帝国大学法文学部文科印度学科卒業，1951 年九州大学講師，1954 年に助教授となる。1955 年の干潟の退官後，1956 年 8 月より 1958 年 7 月までハーバード大学およびインドに出張。この間，京都大学教授長尾雅人が一時，併任教授となる（1956

年 6 月～1958 年 3 月)。また博士課程の戸崎宏正はナーランダに留学している (1955 年～1958 年)。

　1958 年,松濤誠廉(まつなみせいれん)(1903 年～1979 年 11 月 10 日)が第 2 代の主任教授として大正大学より赴任。松濤・伊原体制となる。松濤は 1930 年東京帝国大学文学部印度哲学梵文学科卒業,同年より 1935 年までハンブルク大学に留学,ワルター・シュブリンク教授の許でインド学,特にジャイナ教について研究した。帰国後,東京帝国大学附属図書館において同館所蔵高楠順次郎・河口慧海(かわぐちえかい)将来の梵文写本を調査,1944 年その目録を完成した(東京大学図書館所蔵梵文寫本目録)。1966 年に退官。

　1967 年,伊原が教授に昇任する。1963 年 4 月に研究室は 3 階に移り,1964 年には新館に移る。1964 年 6 月『干潟博士古稀記念論文集』が出版される。1964 年当時,卒業生の中で一番の長老は梅田信隆(東林寺住職,後に曹洞宗大本山総持寺 21 世貫首)であり,大野義山(筑紫女学園)を始め卒業生の数は既に 40 名近く,毎年,新入生歓迎と卒業生送別の会を催していた。干潟は 1965 年に紫綬褒章受章。助手の戸田宏文他の協力も得ながら 1967 年に『大正新修大蔵経索引本縁部』を出版。1969 年からは日本学士院会員となる。

　この時期,戸崎の影響を受けてインド留学が盛んである。高原信一がデカン・カレッジ(1959 年～1961 年),篠田正成がナーランダ(1965 年～1968 年),花木泰堅がヴァイシャーリー(1966 年～1968 年),奥田真隆が BHU(1968 年～1970 年)にそれぞれ留学している。前後する時期の助手として,高原(1956～1961),戸崎(1961～1964),篠田(1964～1966),戸田(1965～1968),高原(1968～1969),篠田(1969～1970),長尾陸司(1970～1972),針貝邦生(1972～1976),奥田(1976～1980)がいる。

　1967 年の伊原の教授昇任後,10 年間助教授が空白となる。この間,1970 年より 1977 年まで,戸崎(筑紫女学園短期大学教授)が非常勤講師として梵詩文学等を演習で読む。なお 1972 年 10 月,研究室は初の女

性進学者を迎えている。1973年5月には，日本印度学仏教学会の学術大会開催校となっている。1973年11月，戸崎は，干潟の校訂本に基づき，善勇猛般若経の和訳を出版している。戸崎は，1974年10月より1975年2月までハーバード大学に留学。

1977年，戸崎宏正（1930年1月20日生）は，九州大学文学部助教授となる。ここに伊原・戸崎体制が完成する。戸崎は，1953年九州大学文学部哲学科（インド哲学史専攻）卒業，同大学院修士課程修了（1955年），同博士課程に進学後，1955年7月より1958年8月まで，ナーランダ仏教研究所に留学，仏教論理学を学ぶ。1966年に「法称の研究」により文学博士（甲種）を九州大学より取得。これは文学部新制博士第1号である。

1983年，伊原の退官の後，同年7月1日付けで戸崎が教授に昇任する。法称の量評釈知覚章の研究を『仏教認識論の研究』上下巻として出版する（1979・1985）。1982年10月，戸田が梵文法華経の研究により文学博士の学位を取得。1983年2月末，研究室は，新装の研究棟1階に入居した。1984年以来，10月下旬に1泊2日の日程で研修を行っている。1987年4月23日には，針貝が「古典インド聖典解釈学研究」により文学博士の学位を取得。

1987年11月1日，京都大学人文科学研究所助手の赤松明彦（1953年1月生）が九州大学文学部助教授として着任する。戸崎・赤松体制となる。赤松は，1976年京都大学文学部哲学科卒業，同大学院修士課程修了，1983年パリ第3大学博士課程修了（文学博士）。仏教論理学を中心に，インド思想全般にわたる研究で知られる。1990（平成2）年3月17日には，白寿を迎える干潟の祝賀会が催される。1990年5月には，九大と広大が中心となって発足した西日本インド学仏教学会の第1回学術大会が志賀島にて開催される。1991年8月には『伊原照蓮博士古稀記念論文集』が上梓され，9月28日に西鉄グランドホテルにて祝賀会が催された。1992年には，外薗幸一が「ラリタヴィスタラの研究」で文学

博士の学位を取得。1993 年 3 月には大前太が『仏教論理学派における言語論の研究』により博士号を取得。戸崎は 1993 年，九州大学定年退官。赤松が孤軍奮闘するこの時期，卒業生の中川正法や針貝が非常勤講師として出講。

　1997 年，赤松は教授となる。翌 1998 年 10 月に船山徹（1961 年 7 月生）が助教授として着任。船山は 1985 年，京都大学文学部哲学科卒業。京都大学大学院文学研究科博士課程中退の後，1988 年，京都大学人文科学研究所助手となる。仏教論理学・認識論の専門家で，中国仏教史なかでも六朝期にも造詣が深い。ここに，戸崎・赤松時代に続いて，赤松・船山という仏教論理学の専門家が揃うことになる。1 年半後の 2000 年 4 月に船山は京都大学人文科学研究所に助教授として転任する。2000 年 10 月には『戸崎宏正博士古稀記念論文集』が出版され，11 月 18 日にお祝いの会が西鉄グランドホテルで催される。助手不在の中，院生の原田泰教が研究室のまとめ役として活躍する。この年，釈見弘（劉思妙）が「入菩薩行論細疏第九章の研究と和訳」で博士号を取得している。

　2001 年には，赤松が京都大学文学研究科教授に転出。ここにインド哲学史講座は，教授・助教授ともに空白となる。2001 年度の 1 年間は中国哲学史講座の柴田篤教授がインド哲学史講座を兼担した。同年の非常勤講師は宮本均，宇野智行，中川，山口英一である。

　この前後の助手に，阿理生（1980 ～ 1984），清水新一（1984 ～ 1987），大前太（1987 ～ 1991），山口英一（1991 ～ 1995），宮本均（1995 ～ 1998）がいる。また，前後する時期に，中川正法がプーナ大学（1982 年～ 1984 年），大前太がウィーン大学（1984 年～ 1985 年）・バンダルカル東洋学研究所（1991 年～ 1992 年）・プーナ大学（1992 年～ 1996 年），山口英一が LD インド学研究所（1990 年～ 1991 年），藤谷隆之がマドラス大学（1992 年～ 1994 年），張本研吾がペンシルヴァニア大学（1994 年～ 2000 年）にそれぞれ留学している。

　専任教官が 1 人もいないという特別な事態を迎えた後，2002 年 4 月

に，仏教文学を専門とする岡野潔（1959年6月生）が助教授として着任，2004年に教授となる。岡野は1982年に東洋大学文学部仏教学科を卒業，1984年，東北大学大学院文学研究科（印度学仏教史学）修士課程を修了，同博士課程を1990年に単位取得退学後，1993年にマールブルク大学に入学，1997年に哲学博士の学位を取得している。2005年4月，インド哲学史を専門とする片岡啓（1969年5月生）が，オーストリア科学アカデミー研究員より転じて助教授に着任。岡野・片岡体制となる。片岡は1992年に東京大学文学部印度哲学科卒業，同修士課程・博士課程に進む。1995年から1997年まで南インドに留学。2001年6月に東京大学より博士（文学）の学位を取得。2001年4月から3年間，東京大学東洋文化研究所の助手を務める。2006年7月には，岡野・片岡が編集する『南アジア古典学』第1号をインド哲学史研究室より発刊。2006年9月には「ハリバドラ・スーリ著『非絶対論入門』研究」で原田泰教が博士号を取得。2011年，片岡は『ミーマーンサー研究序説』（九州大学出版会），*Kumārila on Truth, Omniscience, and Killing*（オーストリア科学アカデミー）を出版する。2011年度，研究室は，博士3名（うち留学生2名），修士1名，学部4名を数える。研究室の年中行事として，1年生の研究室訪問，進学生歓迎会，西日本インド学仏教学会（広島大学と共催），オープンキャンパス，卒業生・非常勤講師を交えた新年会がある。

（4） 中国哲学史研究室

中国哲学史研究室は，1926（大正15）年5月13日に支那哲学史講座として設置される。浦和高等学校教授であった楠本正継が，10月11日付で法文学部助教授として着任し，翌年5月の教授昇任と同時に講座担任となる。楠本は祖父端山とその弟碩水が幕末の平戸藩儒であり，父海山も山崎闇斎学派（崎門）の朱子学を継承するなど家学の影響もあっ

て，宋明儒学が研究の中心をなし，それは以後の研究室の学風を形成する重要な要素ともなった。

楠本は基本漢籍はもとより，近世儒学関係典籍の収蔵にも情熱を傾け，崎門写本の宝庫である碩水文庫を始め，国内有数の貴重資料が蓄積されることになる。講座設置の年の第2学期から開講された楠本の授業は，宋明儒学に限らず易や先秦諸子学にまで及んだが，他分野を補うべく，第三高等学校教授の山内晋卿(しんきょう)などが学外講師を務めた。学生数は少なく，1945（昭和20）年までの卒業生（含選科）はわずか10名であったが，その中に後の九大の中国哲学研究を担うことになる山室三良・岡田武彦・荒木見悟らがいた。

やがて太平洋戦争の戦禍が拡大し，学徒出陣も開始された翌年，1944年5月に，楠本は附属図書館の第11代館長に就任する。貴重図書の学外疎開という重要課題に挺身した後，2年後にその任を終える。戦後，再出発した講座は文学部哲学科の中に位置付けられ，1954年9月には，中国哲学史講座と改称される。その前年4月に設置された新制の大学院では，中国文学と共に文学研究科中国学専攻を形成する。1947年6月に，元北京近代科学図書館長の山室が助教授として就任する。楠本は1955年から，文部省科学研究費による総合研究「九州儒学思想の研究」を2年間組織し，また翌年からは3年間，ロックフェラー財団研究助成費を受け，研究室を挙げて「宋明思想の研究」に取り組む。

楠本は学界の重鎮として，日本中国学会の理事を結成当初から7期務め，また1953年に創設された九州中国学会の初代会長となるなど，戦後の中国学の発展に寄与したが，1960年3月に定年退官する。その2年後に畢生(ひっせい)の研究をまとめた『宋明時代儒学思想の研究』を公刊する。思想家の思想を原典自身に語らせながら，その思考方法と論理構造を忠実に跡づけ，思想史の流れを解明すると共に，それらの奥にある思想の本質を追究していくという楠本の研究姿勢が見事に実を結んだ書物であり，今日も当該研究の必読書とされている。この書によって西日本文化

賞を受賞した楠本は，朝日賞受賞の直前，1963年12月に享年66で病没する。

楠本の逝去が一つの時代の終わりを告げたかのように，翌年7月の文学部移転に伴って，研究室は旧法文学部のビル2階から，国道3号線沿いの新しい建物に転居する。従来は中国文学・東洋史学と共同の研究室であったが，初めて独立した研究室を文学部棟1階奥に持つ。ただ，移転後も中国学3講座は共通の図書分類を用い，書庫を共用した。引越の前年には，創設以来初の女子学生が進学するが，終戦以来1970年までの卒業生は，旧制・新制それぞれ7名，修士修了者は6名であった。

楠本の退官後，1960年には山室が教授に昇任し，2年後には福岡学芸大学から荒木が助教授として着任する。山室の研究は当初古代中国におけるヒューマニズムの発生から展開を探究することにあり，その成果は「中国古代における人文と超人文」という博士論文にまとめられる。1968年3月に山室が定年退官した後，同年7月には荒木が教授に昇任する。荒木は楠本の実証的研究方法を継承していたが，特に仏教思想に対する造詣が深く，『仏教と儒教』(1963)を既に出版していた。

折しもいわゆる学生運動の時代にあたり，大学全体が落ち着いた研究・教育環境にはなかった。これ以前，1953年から学内講師を併任していたのは，教養部教授の岡田であった。岡田は特に王陽明以降の明末儒学の展開に関する研究に新機軸を見いだしており，『王陽明と明末の儒学』(1970)にまとめる。1970年には，同じく楠本門下で朱子学研究の佐藤仁が教養部助教授として着任する。岡田・佐藤の時代に六本松の教養部で，『朱子語類』の研究会が土曜日午後に開催され，学内外の研究者のほか，研究室の院生や学生も参加し，普段の授業とは異なる研鑽の場となった。後に『明儒学案』に替わり，現在まで箱崎の研究室で継続されている。

学生運動が一段落ついた1970年代になると，ほぼ毎年進学生が続き，研究室は次第に活性化する。1972年4月には，北海道大学文学部助教

授の佐藤震二が転任する。佐藤は清代思想史が専門であり，清朝考証学的演習は学生に新鮮な刺激を与えたが，翌年5月に享年49で急逝する。研究室は沈鬱な空気に包まれるが，夏には，教官・学生が力を結集して『二程遺書索引』を作成し刊行する。宋明儒学基本典籍初の索引作りは，学界に対する多大な貢献であると同時に，故人への追悼を表す共同作業でもあり，『二程外書粋言索引』(1974)，『伝習録索引』(1977) へと続く。

　1974年4月，東北大学教養部から町田三郎が助教授として着任する。東北大学伝統の文献学的研究方法を継承した町田は，着任後，先秦から秦漢期に関する斬新な論考を矢継ぎ早に発表し，後に『秦漢思想史の研究』(1985) としてまとめる。柔軟な発想を持ち行動力に溢れる町田の提案もあって，『中国哲学論集』第1号 (1975) が発行され，若い院生の論文発表の場が確保される。1970年から始まった研究発表会「中哲懇話会」も頻繁に開催されるようになり，院生・学生と外部研究者との学術的交流の場となった。1977年度以降，福岡県歴史資料調査，福岡市文化財調査に協力して，聖福寺・承天寺など禅宗寺院の典籍調査に院生や学生も参加する。1978年度からは3年間，荒木が研究代表者となって文部省科学研究費助成の総合研究「明末における思想運動の総合的研究」が展開する。『明代思想研究』(1972)，『明末宗教思想研究』(1979) など，儒仏両思想の交渉を軸に明代思想史をダイナミックに捉える重厚な論考を次々に世に問う荒木の研究姿勢は，国内外の研究者に多大な影響を与えたが，総合研究終了の年，1981年3月に定年退官する。7月には，町田が教授に昇任する。

　1970年代の中頃から，学部から大学院への進学も活発になり，研究室に1名配置されていた助手も内部出身者が占めるようになる。書庫所蔵図書の管理や学会事務などと共に，院生や学部生の指導に助手が果たした役割は極めて大きいものがあった。この間，崎門文庫 (1981)，高瀬文庫 (1983)，吉村家文庫 (1985) など特色ある蔵書構築が続けられた。

　1980年代後半から，町田は明治漢学に関する研究を精力的に行うよ

うになり，論考は後に『江戸の漢学者たち』(1998)，『明治の漢学者たち』(1998) にまとめられる。また，国際交流にも積極的で，台湾・中国・韓国からの留学生を次々に受入れ，その指導に当たったほか，海外の研究者との学術交流にも熱心であった。町田は8年間，1人体制であったが，この間，教養部教授の福田 殖(しげる)が研究室運営を援助した。福田の指導によって進学を決めた学生も多い。楠本門下の福田は，『陸象山文集』(1972) などの宋明儒学研究のほか，朝鮮や江戸の儒学にも精通していた。1989（平成元）年4月，福岡教育大学から研究室出身の柴田篤が助教授として着任する。町田・柴田は翌年から2年間，杵築市立図書館所蔵の杵築藩関係典籍調査に従事する。院生たちも補助員として現地にしばしば足を運んだ。この経験は中国学3講座が総力を挙げて行った中央図書館漢籍調査にも活かされ，『九州大学附属図書館漢籍分類目録』(1994～95) に結実する。1994年4月，教養部の改組に伴って福田が文学部に配置換えになる。翌年3月に町田が，その1年後には福田が定年退官し，4月に柴田が教授に昇任する。柴田は陽明学を中心とした明代思想史を研究していたが，明清天主教思想をめぐる中西対話の問題にも対象を広げ，『天主実義』の初訳 (2004) を公刊する。

2000年4月，大学院重点化に伴って，研究室は人文科学研究院哲学部門に属し，学部は人文学科哲学コースの中国哲学史専門分野となる。大学院教育では，インド哲学史と共に人文科学府人文基礎専攻東洋思想分野を構成することになる。講義科目にも変更があり，「アジア宗教思想講義」が新たに加えられる。この頃，長年1名配置されてきた助手体制は幕を閉じ，研究室のあり方もおのずから変化する。改組の翌年4月に，山口大学から南澤良彦が助教授として着任する。中国古代中世思想史を専攻し，現在は漢唐儒教思想史に取り組む南澤は京都大学の出身であり，その文献実証主義の伝統を研究室にもたらしている。

90年近くになる研究室の歴史を振り返ると，進学者が多かったとは決して言えないが，沢山の人材を生みだしてきた。教育研究職について

言えば，国公私立大学や高専の教員もいれば，高校教諭も数多くおり，留学生も母国や日本国内の大学等で活躍している。現在でも，課程博士を着実に輩出している。「学は人に因りて興る」を信条として，初代楠本教授から始まる良き伝統を継承しつつ，各人の関心に応じて幅広い研究分野を開拓しながら，日々新たな歩みを続けていきたいと考えている。

(5) 美学・美術史研究室

　美学・美術史研究室は，1927（昭和2）年10月，西欧留学から帰国した京都帝国大の植田寿蔵を教授に迎えて創設された。植田は翌年4月に京大教授と兼任となり，1932年5月，京大の専任として転出。その後，1932年5月に京城帝国大学から着任した上野直昭も，1935年4月まで京城大教授を兼任した。植田は芸術哲学を研究，上野は日本の上代彫刻を中心に東西美術を比較研究し，昭和初期の学界をリードした。

　他大学の教授が兼任するという変則的な研究室の運営は，1935年4月，矢崎美盛が哲学・哲学史講座から専任教授として転じ，ようやく解消されるに至った。矢崎は，福岡に居住し，困難な時期にありながら旺盛な執筆と熱心な教育に邁進し，研究室の基礎を確立した。ヘーゲル哲学の紹介者として知られた矢崎は，東洋美術やキリスト教美術の研究と啓蒙に尽力し，『アヴェマリア』(1953) を出版，岩波『少年美術館』(1950〜52) の編集を主導したほか，地方における美学美術史の研究理念と方法を実践的に示した『様式の美学』(1946) は，後の調査の指針とされた。

　1948年4月，矢崎が東大に転出し，谷口鐵雄が専任講師として旧制広島高校より着任。1951年に助教授，1955年7月に教授に昇任。その間，矢崎が1953年11月まで教授を兼任した。谷口はリーグルの様式論を紹介したほか，日本美術史，東洋書画の芸術論研究を深め，後に『校本歴代名画記』(1981) を上梓した。豊後の石仏や観世音寺諸像の研究の

他，九州の近代美術にも造詣が深く，九州の美術界に大きく貢献し，美術館創設に尽力した。『東洋美術論考』(1973) を刊行し 1973 年 4 月に退官。ほかに『西日本画壇史』(1981)，『美術史学の断章』(1983)，『回想矢崎美盛先生』(1985)，『蘭亭序論訳注』(1993)，『東洋美術研究』(1994) がある。

　谷口が在職中の 1959 年 5 月，ドイツ留学から帰国した前川誠郎が京都大学から助教授として転任，2 人体制の下で東西美術と芸術論の研究が進展した。前川はデューラーや初期ネーデルラント絵画を中心とする北方ルネサンス美術を専門とし，西洋美術の学生を育成，1970 年，東大に転出した。谷口は，1966 年 7 月から 1969 年 11 月まで評議員，学部長，学長事務取扱等を歴任し，その重責を果たした。同窓会の研究室便りは，ジェット機ファントムの墜落事故は，その対応に谷口から大いに時間を奪い，前川は機体処理問題集会にてゲバルト洗礼を受け，1 か月入院したと報告している。

　1971 年 4 月，谷口の定年退官を前に，平田　寛（ゆたか）が奈良国立文化財研究所より助教授として着任し，1978 年，教授に昇任。古代中世の仏教絵画史を専門とする平田は，中国画論のほか西洋中世美学思想にも通じ，中世美術の基底に流れる芸術思想を学僧と絵師の双方から考察，1994 (平成 6) 年 3 月の退官後，『絵仏師の時代』(1994) で國華賞，メトロポリタン学術賞，日本学士院賞を受賞した。ほかに『ふうじん帖』(1996)，『絵仏師の作品』(1997) がある。

　平田の着任以来，矢崎の『様式の美学』を念頭に，九州山口地域を中心とする寺社調査が頻繁に行われるようになった。1979 (昭和 54) 年 9 月，仏教美術史を専門とする菊竹淳一が奈良国立博物館より助教授として着任。2 人の専門性を活かした運営が強化され，この間を前後し，科研費や教育委員会等の事業として，国東富貴寺の調査，対馬の調査，人吉の調査をはじめ，各地の社寺で悉皆調査が実施された。光学的手法も応用した最新資料の蓄積は，九州美術資料アーカイブとしての研究室の

役割を充実させた。新出の作例には国指定や県指定の重要文化財も数多い。調査で鍛えられた門下生は，美術館・博物館・研究機関に就職した。韓国を中心に留学生が研鑽を積み，博士号を取得して帰国し母国の学界発展に寄与している。平田は，1987年より評議員，1988年より学部長となり学部運営に奔走したが，その間，菊竹は，東アジアの観点から朝鮮・中国・日本の美術史を研究，また同様の観点から九州の美術文化の特性を検証すべく，国内外で精力的な仏教美術の調査を継続した。主著に『日本古版画集成』(1984)の他，『高麗時代の仏画』(1997)があり，韓国語版と日本語版が出版されている。

菊竹は，平田の退官後，1994（平成6）年に教授へ昇進し，1995年より評議員，1998年より学部長を務め，2000年の大学院重点化に尽力，現在の4人体制の基礎を確立した。大学院重点化にともない，大学院の専修を美学・美術史から芸術学に改称，学部の専門分野は，旧名称を踏襲している。1996年4月，三輪英夫が東京国立文化財研究所より助教授として着任。三輪は，近代日本美術を専門とし，九州における当該分野研究者の育成を期したが，2000年に病気により退職した。

2000年4月，東京大学より京谷啓徳（よしのり）が助教授として新たに着任，前川以来30年ぶりに西洋美術史の教員となった。京谷は，イタリア・ルネサンス美術を専門とし，宮廷美術や祝祭・儀礼と美術の関係を中心に研究している。2002年3月，菊竹が定年退官し，4月より中国哲学史講座の柴田篤が半年間，教授を兼担した。同年5月，東京大学から東口豊が講師として着任し，2009年11月，准教授に昇進。東口はアドルノの芸術思想の考察を中心に音楽美学を研究，芸術学全般について学生を指導している。2002年9月，後 小路雅弘（うしろしょうじ）が福岡アジア美術館より教授として着任。アジア現代美術を専門とし大学院の現代文化論を担当。現代美術の現場から近代美術が拠り所としてきた制度や規範の諸問題を考察している。2004年3月，技官の林崎 价男（ともお）が退職。林崎は，美術資料の写真撮影，光学機器の活用に長年にわたって多大な功績を残した。

2004年3月末，井手誠之輔が東京国立文化財研究所より教授として着任。専門は東アジア絵画史。日本伝来の宋元仏画と高麗仏画研究とを並行し，九州美術資料アーカイブのデジタル化と研究室の情報化を進めている。

美学・美術史研究室は，九州山口地域における美術・文化財関係の諸活動と結びつきが深い。とくに1970年代以降，各地に美術館や博物館が新設されるようになると，多くの卒業生が学芸員として就職し，調査研究の成果が展覧会に還元された。歴代教員は，各地の文化財審議委員，美術館，博物館の設立，運営に関わる専門委員として地域文化の発展に寄与している。1972（昭和47）年，西日本美学美術史懇話会を発展させて九州藝術学会が発足。美学・美術史研究室が事務局を担当し，年に2回の学会を継続している。1984年から菊竹が代表幹事となり，学会誌『デアルテ』を創刊。現在，後小路が代表幹事を務め，論文奨励賞を創設し，着実に裾野を広げ，近隣の研究者と組織する各種研究会の活動と連携し，若手研究者を育成している。専門研究と九州山口地域における一連の美術文化の育成と斯界への貢献が評価され，谷口，平田，菊竹が相次いで西日本文化賞を受賞している。歴代教員は，全国規模の学会に常任委員として参画し，美術史学会は，1969年，1987年，2007年（九州国立博物館，筑紫女学園大学との共催），美学会は1984年に大会を開催。2011（平成23）年からは，美術史学会西支部事務局が置かれている。

美学・美術史研究室の教育における特色は，各教員の専門領域の講義・演習の他に，実習，金曜会，九州大学芸術学研究会，研修旅行等が実施され，調査と教育・研究とが推進されてきた点にある。

実習は，2004年より，古美術班と近現代美術班に分かれて実施。古美術班は井手が担当し，近隣の寺社，美術館，博物館で見学・調査を行っている。近現代美術班は，後小路が担当し，AQAプロジェクトの名のもとにアジアの現代美術から今日的テーマを選んで展覧会を開催している。

金曜会は，50年を超える伝統をもつ。金曜の午後に構成員全員が出席し，担当学生の発表に対して質疑応答し，有益な集団指導の機会となっている。大学院重点化にともない，2006年から，九州大学芸術学研究会を立ち上げ，年に2回開催している。博士課程学生は，美学会，美術史学会，九州芸術学会，本研究会等で発表し，論文投稿，博士論文執筆への里程標としている。

　研修旅行も，1963（昭和38）年から継続。従来，奈良の社寺，正倉院展，東大寺大仏への登壇による見学を恒例としてきたが，2011（平成23）年から，関東と関西への研修旅行を隔年で実施し，海外（台湾，韓国）にも出向いている。

　研究室を中心とする共同研究の成果は，『国宝富貴寺』(1972)，『対馬の美術』(1978)，『九州仏教美術百選』(1979)，『九州美術史年表』(2001)として出版されている。近年の成果には，伊都キャンパス移転にともなう学内美術資料調査をまとめた『九州大学P&P大学とアート――「公共性」の視点から』(2008)がある。

　美学・美術史研究室は，教員と学生，専門職についた門下生との間における相互の信頼と協働のもとで，美学美術史学の発展を促進してきた。毎年12月29日に開かれる同窓会「ふく会」は，その象徴である。福岡で，河豚を喰らって法螺（来年の抱負）を吹き招福を期すという趣向のふく会は，60年代のある年末，助教授の前川と大学院生有志がはじめたのが最初であった。その後，卒業生に講座の現況を報告し，快活に親睦をはかる恒例行事となっている。

　現在，美術史3人と美学1人という4人体制となり，総勢40名を超える大所帯となっている。グローバルな規模で視野が拡大し，インターネットをはじめとする各種メディアから情報が氾濫する今日，美術の様態は多様に変貌し従来の規範も流動化しつつある。しかし，美学・美術史研究室が，古今東西の美的な営為を畏敬し，調査と哲学的・歴史的思索の双方から，普遍の美と価値のあり方を探索し，その研鑽を怠らぬ場

であることに変わりはない。

第2節　歴史学コース

(1)　日本史学研究室

　法文学部創立後の講座増設により，1925（大正14）年に国史学講座，翌年に同第二講座が設けられた。大正期における文化史学の隆盛に対応するように，第二講座は日本文化史を担当するとされた。1925年12月に教授に着任した長沼賢海が第一講座を，1927（昭和2）年6月に助教授となり2年後に教授に昇任した竹岡勝也が第二講座を担当した。研究室の「戦前」は，この2人の在職期間とほぼ重なる。

　長沼は，広範な史料収集に基づく実証的な中世史研究を本領とし，『日本宗教史の研究』など数多くの著書がある。かれが集めた史料類は，現在は九州大学附属図書館付設記録資料館九州文化史資料部門に所蔵されている。長沼自身がその創設に大きな役割を果たした九州文化史研究所の後継施設である。長沼より10歳年少の竹岡は，『三太郎の日記』で知られる阿部次郎の実弟。和辻哲郎の影響のもと，専門化の進展する人文学に抗する文化史を志し，『近世史の発展と国学者の運動』などを著した。第二講座の教授には津田左右吉と坂本太郎のほか和辻哲郎にも打診が行き，断った和辻が推挙したのが竹岡だった。

　長沼は和服を好み，演習参加者には毛筆で写本を作成して臨むことを要求した。一方の竹岡は洋服で通し，演習は岩波文庫をテキストにした学生の自由発表，卒業論文も万年筆で執筆可。ともに東京帝国大学の国史学科を卒業しながら，対照的な学風を有した2人が，協同して研究室の運営にあたった。黒板勝美・相田二郎ら当代の第一人者に来講を仰ぐとともに，1936年には研究室の卒業生である鏡山猛が考古学の授業を

開始している。

　研究室には毎年数名の入学者がおり，旧制時代の卒業生は 100 人を数える。英文・国文に次ぐ人気の研究室だった。そのうちいわゆる傍系進学者は 7 割超。仏教系と神道系の諸学校卒業者が目立つ。女子学生が在学したことはあるが，「外地人」はいなかった。研究室の年中行事として，新入生歓迎の遠足，年に数度の研究発表会，鏡山が引率する遺跡見学会などがあった。卒業論文のテーマを通観すると，やはり文化史に関するものが多く，社会経済史系のものが少ない。

　1943 年に長沼が退官。後任には家永三郎が予定されていたが，教授会付議の直前に本人の事情で中止。さらに 1946 年 3 月には公職追放との関わりにより竹岡も辞職した。ここに研究室の「戦前」は終わりを告げる。

　1945 年に西尾陽太郎，翌 46 年に檜垣元吉が講師に就任した。ともに研究室の卒業生である。西尾は日本思想史が専門で，『幸徳秋水』等の著作がある。檜垣は近世藩政史が専門で，『近世北部九州諸藩史の研究』等の著作がある。新制の九州大学が設置されると，両講師は教養部に助教授として転じたが，以後も長く文学部で国史学の講義・演習を担当した。

　1947 年 5 月に森克己が第一講座の教授に，翌 48 年 9 月に竹内理三が第二講座の教授に着任すると，研究室の復興が本格化する。戦後の住宅・食糧難のため，両教授は当初，研究室に居住して自炊生活を送った。森は日宋貿易の研究で知られ，その業績は『森克己著作選集』全 6 巻にまとめられている。竹内は古代中世の社会経済史・政治史を研究し，『竹内理三著作集』全 8 巻があるほか，『平安遺文』等の刊行で知られ，文化勲章を受章した。48 年以降，全国的な歴史史料の所在調査として，近世庶民史料調査が実施された。九州大学は九州地方を担当し，森・竹内等が中心となって各地の調査を行い，多くの古文書を発掘した。

　1951 年，公職追放解除となった鏡山が助教授として復帰し，考古学を講じた。のちに鏡山は考古学講座の設置に尽力し，その初代教授とな

る。森は52年4月に横浜市立大学に転出，53年6月に箭内健次（やない）が第一講座教授として着任した。箭内は近世対外関係史が専門で，『通航一覧続輯』等を刊行した。57年5月，田村圓澄が第二講座助教授として着任した。田村は古代中世仏教史が専門で，『日本仏教史』全6巻等，多数の著作がある。

　竹内の教授在任期にはいくつかの特筆すべき事業があった。第1は『九州史学叢書』（1953年～57年）の刊行である。第2は『九州史料叢書』（九州史料刊行会，1955年～67年）の刊行である。九州地方の重要な中世・近世史料を孔版で刊行したもので，『薩藩旧記雑録前編』など計41冊が出され，研究者にも大きな利便をもたらした。こうした著書・史料集の刊行と相まって，国史学研究室の実証的な学風が確立していった。研究室内の研究会組織としては，戦前あった国史学会が戦後に国史学研究会となった。54年の文学部史学科文化祭において，大学院生を中心に，歴史紙芝居「久留米宝暦一揆」が上演された。翌55年には，九州各大学合同の国史学学生セミナーが始まった。

　1956年7月，雑誌『九州史学』が創刊された。当初は国史学研究室の同窓会的な学術誌であったが，1961年11月に「九州史学研究会」が発足し，会員組織に改められた。これによって本格的な学会組織となり，機関誌『九州史学』はすでに160号以上刊行されている。その後，箭内会長を中心に九州史学研究会の活性化が図られ，大会では毎年のようにシンポジウムが開催された。

　竹内は1959年4月に東京大学史料編纂所に転出したが，その際には留任運動が起こった。その後任には，同年10月，新城常三が第二講座教授として着任した。新城は中世交通史の研究で知られ，『社寺参詣の社会経済史的研究』等の著作がある。65年4月，九州文化史研究所が文学部附属九州文化史研究施設として認可され，箭内が初代施設長に就任した。国史学の教官も併任教官として参加したが，九州文化史研究施設の教官もまた国史学の講義・演習等を担当するようになった。同年

10月，第1回「国史学研究室同窓会」が福岡市内で開かれた。64年7月の文学部の新館への移転が同窓会設立の契機となった。この会はいわゆる大学紛争によって消滅する。

大学紛争前，国史学研究室には，「国史学三点セット」と呼ばれるものがあった。①大学祭での展示，②研究室旅行，③熊本大学との合同ゼミナールである。①②は紛争によって実施されなくなったが，③は現在も継続している。紛争期には国史学研究室でも学生による討論集会が深夜まで続いた。

大学紛争前後の人事の異動はめまぐるしいものがある。1968年4月に新城が成城大学に，同年11月に箭内が東海大学に転出した。同年7月には田村が第二講座教授に昇任した。同年10月には，臼井勝美が第一講座助教授として着任した。臼井は近代外交史が専門で，『日本と中国：大正時代』等の著作があり，71年12月に教授に昇任した。69年1月には，九州大学五十年史編纂担当講師であった川添昭二が第二講座助教授として着任した。川添は中世文化史・政治史が専門で，『九州大学五十年史通史』を執筆したほか，『九州中世史の研究』等，多数の著作がある。69年10月には，九州文化史研究施設教授の杉本勲が第一講座教授に配置換えになった。杉本は近世学術史が専門で，『近世実学史の研究』等の著作がある。71年3月に定年退官。

1975年4月，臼井が筑波大学に転出し，同年8月，川添が第一講座教授に昇任した。川添は，大学紛争等で混乱した研究室の再建に尽力した。76年4月，中村質が第二講座助教授に，有馬學が第一講座講師（79年1月助教授）に着任した。中村は近世対外関係史が専門で，『近世長崎貿易史の研究』などの著作がある。有馬は近代の政治史・思想史が専門で，『「国際化」の中の帝国日本：1905-1924』等の著作がある。こうして古代・中世・近世・近代の4時代の担当教官が揃ったことになる。4教官が各時代を担当するという原則はこの時期に確立し，現在に至っている。

1980年3月，田村が定年退官し，81年2月，中村が第二講座教授となった。1980年代に入ると，急速に外国人留学生が増加した。国史学講座にも研究生・大学院生・訪問研究員として多くの外国人学生・研究者が訪れ，時には10名を超すこともあった。韓国・中国・台湾といったアジア諸国からの留学生が多かった。1985年4月，坂上康俊が第二講座講師として着任，87年7月に助教授となった。坂上は奈良・平安時代史が専門で，『律令国家の転換と「日本」』等の著作がある。国史学研究室で一時代を築いた川添は，90年3月に定年退官し，福岡大学に移った。同年10月，有馬が第一講座教授に昇任した。92年4月，佐伯弘次が第一講座助教授に着任した。佐伯は中世対外関係史が専門で，『朝鮮前期韓日関係と博多・対馬』等の著作がある。

　1994年4月，大学院比較社会文化研究科が設置され，有馬は同研究科に転出した。96年4月，安藤保が第一講座教授として着任した。安藤は近世社会経済史・教育史が専門で，『郷中教育と薩摩士風の研究』等の著作がある。97年3月，中村が定年退官し，別府大学に移った。99年10月，坂上が第二講座教授に昇任した。2000年4月，文学部の改組・大学院重点化が決着，国史学講座は第一と第二が合併し，日本史学講座という大講座となった。この結果，文学部では「人文学科歴史学コース日本史学専門分野」，大学院人文科学府では「歴史空間論専攻日本史学分野日本史学専修」，教員が所属する大学院人文科学研究院では「歴史学部門日本史学講座日本史学研究分野」となった。

　2001年4月，山口輝臣が助教授として着任した。山口は近代の政治史・思想史が専門で，『明治国家と宗教』などの著作がある。2002年から始まった九州大学21世紀COEプログラム「東アジアと日本：交流と変容」には，坂上と佐伯が事業推進担当者として，山口が研究協力者として参加し，研究・教育や事業の推進に尽力した。2005年3月，安藤が定年退職し，同年4月，佐伯が教授に昇任した。2006年4月，岩﨑義則が准教授として着任した。岩﨑は近世流通史・藩政史が専門で，

『東アジア世界の交流と変容』（共編）等の著作がある。こうして 4 時代の教員が揃い，今日に至っている。2012 年 3 月には，日本史学研究室の活動をきっかけに，人文科学研究院とドイツのルール大学ボーフム東アジア研究学部・歴史学部との学術交流協定が締結されるなど，海外との学術交流も活発化してきている。

　日本史学研究室は，大学院重点化によって大学院生の数が増え，学部生・大学院生・教員を合わせると，70 名を超える大所帯である。学部卒業生は，かつては教職に就くものが多かったが，最近では公務員や一般企業への就職が多数を占める。また大学院進学者も多い。大学院修了生は，博物館学芸員・文化財専門職・大学教員等として多く活躍している。

(2)　東洋史学研究室

　東洋史学講座は，1927（昭和 2）年設置された。初代の教授は重松俊章。重松は東京帝国大学卒。専門は東洋史学の全般に及び，宗教や西域史の分野の業績が多い。35 年には，講師として日野開三郎が着任。日野の専門は中国中世の社会経済史。東京帝国大学卒。44 年，重松退官。この頃，日野は配給の酒をため，多々良川でとった鰻が学生と重松の数になったとき手焼きの蒲焼きを振る舞い，重松の遊学中のフランス談義などで盛り上がったとのエピソードが卒業生の間で以後長く語りつがれる。46 年，日野，教授昇任。49 年，西日本史学会が各県に支部を置き結成されたが，日野は初代の委員長に選出される。50 年には研究室誌である『東洋史学』創刊（以後 29 輯まで刊行）。

　55 年，越智重明が助教授として，愛媛大学文理学部助教授より着任。東京大学卒。越智の専門は魏晋南北朝政治社会史。後には春秋戦国秦漢史，あるいは芸能史など極めて広範な領域に広がった。越智着任当時の研究室は菊池英夫（九州大学総長菊池勇夫の子息）が助手，院生 4 名，学部生 9 名の構成であった。教養部には中村治兵衛（明清時代史，前任は

鈴木俊）の他，卒業生の江嶋寿雄が在任。江嶋の専門は明代女真史。57年，日野を中心として重松の古稀記念論集刊行。60年，菊池は東洋文庫研究員として転出（のち山梨大学教育学部助教授から北海道大学文学部教授，中央大学文学部教授，専門は北朝隋唐史，とりわけ府兵制の研究で学界をリード）。後任は草野靖（専門は魏晋南北朝史にまで遡るが，主な研究領域は宋代経済史。東洋文庫研究員，日本女子大学などをへて熊本大学法文学部教授，福岡大学人文学部教授となる。その地主・佃戸制研究は一時代を画した）。61年，重松死去。草野が東洋文庫に移った後の助手は幸徹。幸の専門は宋代経済史，とりわけ塩の専売の研究は精緻を極めた。

　68年6月2日米軍機が学内に墜落。これ以降，東洋史学研究室も激しい学内抗争のうねりに巻き込まれて行く。この年，菊池，草野はそれぞれ山梨大学，日本女子大学に。助手は羽生建一。畑地正憲が高校教員（長崎大学出身）から修士課程に入学（専門は宋代軍政史，のち助手から山口大学文学部教授）。中村治兵衛が学内非常勤として出講するようになり（以後，中村が中央大学文学部に転出するまで），日野はのちに学士院賞を受賞することになる『唐代邸店の研究』を自費出版した。日野はこの書を自らの還暦を祝って出版したと語っている。70年，学生総数24名，川本芳昭などが進学。また羽生が西日本工業大学に就職。日野は72年退官。その退官の弁において35年九大に赴任して以来，長きにわたって在職し得たのは，無能，億劫，面白いものを見つける才覚がなかったことによる。退官の頃には「身未去棒石交迫」の状態であったが，これも無能に対する天の報いかと謙遜している。71年，日野は西日本文化賞を受賞し，73年，学士院賞を受賞した。

　72年，越智が教授に昇任。羽生以降，空席となっていた助手には畑地正憲，博士に和田廣，清木場東，紙屋正和，学部に，川本，野田俊昭，友永植などが在籍した。この年，卒業生である愛媛大学教授牧野修二（元代史）が博士号取得。73年，教え子による日野の学士院賞受賞祝賀会が新宿で開催され，東洋大学文学部長の船木勝馬や芥川賞作家の庄野

潤三（44年卒）などが出席。

　74年，日野の退官後空席となっていた東洋史学の助教授に川勝守が着任。川勝は東京大学教授西嶋定生の門下で明清社会経済史の専門家，その後，東アジア史，国際交流史など幅広い領域で多くの業績を上げることになる。この年，停刊していた研究室の雑誌が，新たに『東洋史論集』として創刊され，2012年3月で40号を数えた（『東洋史学』から数えて69号）。助手の畑地は山口大学文理学部助教授として赴任。後任は紙屋正和。紙屋の専門は漢代政治史。75年，学生数21名，川本が博士へ進学，片山共夫が修士入学（元代史専攻），学部に冨田健之が進学（のち漢代史を専攻し，助手から新潟大学へ赴任）。

　76年，越智は学部長に就任。紙屋は福岡大学人文学部に転じ，後任の助手は神矢法子（魏晋貴族制専攻）。また，教養部に大阪大学より森川哲雄が着任した（モンゴル史専攻）。博士には野田，友永が進学。この頃の同窓会幹事は，幸徹（教養部教授，宋代経済史），神矢法子，岸田勉（44年卒，石橋美術館館長）。78年，長く同窓会会長を務めていた後藤武士は，高校の教え子であった作家島尾敏雄（43年卒）を招聘し，総会において記念講演を実施。多数の参加者があった。城井隆志（のち久留米大学文学部助教授），冨田健之などが修士進学。学生総数は19名。79年，後藤は庄野に講演を依頼。前年の講演者であった島尾も参加し盛況であった。80年，城井，冨田が修士修了。神矢は東洋文庫研究員として赴任し，川本（南北朝史専攻）が助手。研究室員は31名。越智，川本，冨田は，文学部長であった今井源衛を団長として中国敦煌訪問。81年，川本は佐賀大学教養部助教授に転じ，冨田が助手。83年，改装のため，旧法文へ移転していたが新装がなって3月から入居。7月，中国史シンポジュウムが東洋史学研究室の主催のもと開催される。84年，冨田は新潟大学教育学部助教授に転じ，城井（明代政治史）が助手。この頃，日野の頃から始まった九重合宿が一層盛んとなり，連日深夜に及ぶ「演習」は一つの伝統となった。日野の全集が菊池や清木場等の尽力のもと完結。

85年，小林聡が修士に入学し，博士の則松彰文，滝野正二郎が処女論文を刊行。86年，島尾死去。則松は福岡大学人文学部に講師として赴任。黛(とう)武彦が修士に進学（のち熊本大学教育学部教授）。

　87年，越智が退官。55年に赴任以来日野とともに研究室の研究・教育に尽力。久留米大学文学部教授に転じた。城井は越智とともに久留米大学文学部に助教授として赴任。川勝，教授昇任。滝野は山口大学文学部助手に採用，博士に小林進学，修士に宮嵜洋一進学。日野の頌寿記念論集が刊行される。助手は野田（南朝政治史）。

　89年，平成の世を迎える。日野死去。90年，平勢隆郎，助教授として着任。東京大学卒。先秦時代史専攻。後藤久勝が学部進学。

　91年，ソ連邦崩壊。元岡移転や現在に至る組織改編方針が姿を見せ始める。助手の野田は久留米大学文学部助教授に転じ，小林が助手。92年，平勢は東京大学に転じる。94年，川本が助教授として赴任。96年，内田直文が修士課程入学（現九州産業大学国際文化学部准教授，清代政治社会史）。

　97年，大学院重点化の年。98年，川勝，大正大学文学部へ，助手宮嵜もともに転出。川本，教授昇任。野田徹が助手。戸川貴行が学部進学。越智死去。99年，江嶋寿雄の『明代女直史研究』を幸などの尽力で刊行。越智の遺著『中国古代の政治と社会』を門下生中心に刊行。

　2000年，後藤が助手。中島楽章(よしあき)が助教授として赴任。早稲田大学文学部卒。明清社会経済史。九大赴任後，東アジアの海域交流史など幅広い分野の研究に従事。越智の遺著『日本芸能史研究』を門下生中心に刊行。01年，越智を偲ぶ会が盛会裡に開催された。02年，後藤を最後に，これまで研究室に継続的に配置されていた助手のポストがなくなる。

　02年，歴史学系教員を中心とした21世紀COE「東アジアと日本：交流と変容」が開始された。東洋史学講座もこれに参加し，国際化が進展。03年，研究室員35名，藤野月子，久藤健一などが修士に入学し，戸川が博士課程に進学した。04年，川本は学部長就任。COEは順調に

第2章　研究室史　73

展開されたが，中間ヒアリングの際，学術振興会よりイスラムに関係する人員の強化が求められた。その人員があらかじめ選定され，教授会に採択が求められたが，従来の慣行と全く相違し，関係人事が東洋史に関係するものであったため，学部長であった川本は対応に苦慮。05 年，COE は「東アジアの諸国家とその形成過程の比較研究」と「内陸圏・海域圏交流とイスラム」の 2 テーマで活動。中島は特定領域研究「東アジアの海域交流と日本伝統文化の形成」に参加。舩田善之と四日市康博が講師として着任。ともに早稲田大学文学部卒。その研究領域はそれぞれモンゴル帝国の統治制度史，モンゴル帝国期東西交渉史。

06 年，復旦大学，華東師範大学などと学生交流協定を締結。学術振興会特別研究員の内田と久芳崇はそれぞれ博士号を取得。博士課程の音成彩（学振特別研究員），藤野，修士課程の福永善隆はそれぞれ処女論文を刊行し，福永は学振特別研究員に採用された。この年はこのように研究室員の活動は活発であったが，学部進学生が 0 という未曾有の事態も生じた。川本は第 1 次安倍内閣における日中歴史共同研究開始にともない，日本側委員として活動開始。

07 年，戸川が史学会で，福永が秦漢史学会で研究報告。08 年，福岡大学の紙屋が博士号を取得。藤野が唐代史研究会で，植松慎悟が秦漢史学会で，稲住哲朗が史学会で研究報告。09 年，川本を代表とする P&P「東アジア史研究コンソーシアムを活用した国際的研究プログラム」が採択された。戸川と福永は博士号を取得。10 年，藤野は博士号を取得。また，同論文は同年度の学府長賞大賞を授与され，九州大学人文学叢書 1 として刊行された。久芳は『東アジアの兵器革命』を刊行。川本は副学長，附属図書館長，大学文書館長を兼ねることとなった。門下生を中心に川勝の古稀記念論集刊行会が設置された（13 年 10 月刊行を見た）。11 年，内田は九州産業大学国際文化学部准教授として赴任。植松は史学会で報告。12 年，戸川は学術振興会特別研究員に採択され，同年の東方学会賞受賞の快挙を成し遂げた。畑地は博士号を取得。舩田は米国

インディアナ大学で在外研修。福永は鹿児島大学法文学部准教授として採用が決まる（13年4月赴任）。

(3) 朝鮮史学研究室

　1970（昭和45）年，九州大学文学部では，日本において隣接地域たる朝鮮の歴史・文化に関する教育・研究態勢が脆弱である現状と，九州大学の地理的優位性とに鑑み，朝鮮語・朝鮮文学，朝鮮史，朝鮮美術・考古学の3部門からなる「朝鮮学研究施設」の新設を概算要求し，1973年度，このうち朝鮮史学講座の設置が認可された。こうして1974年4月，朝鮮史学研究室が誕生した。同年5月，中近世の日朝関係史を専門とする長正統助教授（前職：東洋文庫研究員）が着任し，また7月付けで東洋史学の越智重明教授が兼担教授となった。当初は東洋史学研究室に間借りする，形のない研究室だったが，翌年10月に念願の独自の部屋を取得し，また初の進学生1名をむかえた。その後，兼担教授は1976年7月に中国文学の岡村繁教授にかわったが，1981年5月に長助教授が教授に昇任した。

　現在まで継承されている研究室の教育・研究方針は，日本の東洋史学の伝統に則り，史資料の博捜とその精緻な読解に基づく実証主義を第一としつつ，戦前以来の傾向として「朝鮮人不在」「現地知らず」といわれた日本の朝鮮史研究の弱点を克服すべく，朝鮮語を学び，現地を訪れ，現地の人々と直接交流することを重視した点が特徴である。韓国での語学研修や留学も早くから進められた。そのこともあってか，当時の日本としては珍しく韓国の研究者の訪問がさかんで，80年代半ばには北朝鮮の研究者も2度来訪している。

　専担教員1名というマンパワー不足は助手や非常勤講師が補った。とりわけ長教授夫人にして中世日朝関係史を専門とする長節子非常勤講師（現九州産業大学名誉教授）の授業は，1975年以来，同氏が勤務校を定年

退職する 2008 年まで 30 年余に及び，研究室の教育を支える柱の 1 つだった。

　一方，総合的朝鮮学をめざすという志は，当初の助手人事に活かされている。長教授と二人三脚で草創期を支えた歴代助手は，菅野裕臣（在任 1975 ～ 77，現東京外国語大学名誉教授，言語学），池川英勝（在任 1977 ～ 79，元天理大学教授（故人），近代史），三枝壽勝（在任 1979 ～ 81，現東京外国語大学名誉教授，文学），松原孝俊（在任 1981 ～ 85，現九州大学教授，日韓比較民俗学・日韓文化交流史），白川豊（在任 1985 ～ 89，現九州産業大学教授，文学）という陣容であり，彼らが教養部の授業や私設勉強会などを通じて朝鮮語教育にあたった。1979 年には九州大学の歴史学関係教員が運営する九州史学会に朝鮮学部会を開設するにいたったが，その名称にも総合的朝鮮学をめざす姿勢が示されている。

　ところが，研究室運営が軌道にのった矢先の 1987 年 10 月 25 日，長教授は胆管癌のため 53 歳の若さで急逝した。危機的状況のなか，すでに病床の同教授にかわって国史学の中村 質（ただし）教授が兼担教授となっていたが，1989 年 1 月に濱田耕策助教授（前職：学習院大学東洋文化研究所客員研究員）が着任し，1994（平成 6）年 4 月に教授に昇任した。古代の国制史・国際関係史・史料研究を専門とする濱田教授のもと，態勢の立て直しとともに新たな試みも開始された。1990 年には学術誌『年報朝鮮學』を創刊し，発行母体として九州大学朝鮮学研究会を組織，1995 年からは不定期ながら例会（2005 年より懇話会と改称）を開催するようになった。また九州・山口地域の朝鮮関連史跡・文化財の巡見会も実施され，現在も形をかえて恒例行事となっている。この時期も海外研究者の訪問は活発で，長期滞在の訪問研究員も多かった。主として韓国からだったが，2 名のアメリカ人研究者も含まれている。

　一方，依然として専担教員 1 名の状態は続き，研究室運営における助手の役割は大きかった。当時の助手は六反田豊（在任 1989 ～ 92，中近世史），桑野栄治（在任 1992 ～ 94，現久留米大学教授，中世史），山内民博（在

任 1994〜95，現新潟大学准教授，近世史），諸洪一(ジェホンイル)（在任 1995〜98，現札幌学院大学教授，近代史）という陣容であり，歴史研究者でかためられたが，六反田・桑野両助手のように研究室出身者が務める段階をむかえた。

　1996年4月，かつて助手だった六反田豊助教授（前職：久留米大学助教授）が着任し，開設20年余にしてはじめて教授と助教授とがそろった。朝鮮時代の社会経済史を主な専門とする六反田助教授は，私設研究会として朝鮮王朝実録講読会を開始している。1999年には九州大学に韓国研究センターが設置され，研究室の教員もその運営・企画に参加することになった。

　2002年4月，六反田助教授は東京大学助教授として転出し，同年5月，朝鮮語学を専門とする村田寛講師が留学生担当講師として着任，翌年4月には高麗時代の国際関係を主な専門とする森平雅彦講師（前職：東京大学助手）が着任した。また2002〜04年には李美子助手（現浙江工商大学副教授，渤海史）が在職した。さらに2002年度より文部科学省の大型プロジェクト21世紀COEプログラムに九州大学の「東アジアと日本：交流と変容」が採択され，研究室教員も運営メンバーとして奔走した（〜06年度）。2006年4月，村田講師は福岡大学助教授として転出し，森平講師が助教授に昇任する。

　この時期は研究室外での活動もさかんで，文学部の市民向け公開講座やセミナーで朝鮮関連の企画に複数回に渡って関わった。また濱田教授は歴史認識の外交問題化をうけて発足した日韓歴史共同研究委員会（第1期：2002〜05年，第2期：2007〜10年）の委員を2期連続で務め，森平准教授も第2期の研究協力者となった。研究室内でも森平准教授を中心に高麗時代史料の講読会がおこなわれ，『年報朝鮮學』に史料訳註を逐次公開している。

　かつて日本の大学に少数ながら存在した朝鮮学関連の専門研究室は，この間改組により多くが姿を消し，特に歴史・文化を看板に掲げたもの

は本研究室と東京大学の韓国朝鮮文化研究室のみとなった。日本における朝鮮学の教育・研究拠点として，ますます大きな期待がかかっている。

　開設以来，毎年の学部生進学は少人数であり，多い年で4，5名である。しかしこのなかから第一線の研究者が幾人も輩出され，そこには文学研究者も含まれる。それ以外の学生の就職先は，一般企業・公務員等に加え，教育・研究機関，政府機関，図書館などで専門性を活かす職種に進む者も多い。

　歴代教授・准教授・講師の主要業績は次のとおりである（在任中の論著に限る）。長正統：「倭学訳官書簡よりみた易地行聘交渉」，「内閣文庫所蔵『朝鮮国図』およびその諸本についての研究」など。濱田耕策：『新羅国史の研究』，『古代東アジアの知識人 崔致遠の人と作品』（編著）など。六反田豊：「科田法の再検討」，「朝鮮成宗代の漕運政策論議」など。村田寛：「現代朝鮮語の連体節のテンスについて」，「15世紀朝鮮語の対格について」など。森平雅彦：『モンゴル覇権下の高麗』，『中近世の朝鮮半島と海域交流』（編著）など。

（4）　考古学研究室

　戦前から九州大学には考古学的な活動拠点が大きく3つあった。その1つが，大正期以来，遺物採集と古文献との照らし合わせから，九州古代史の解明に努めてきた中山平次郎医学部教授の活躍である。また，福岡高等学校教授であった玉泉大梁が，考古資料の収集と歴史教育のためその陳列を行っていた。さらに1930（昭和5）年には，中山教授らを顧問として，在野研究者を含めた九州考古学会が成立した。その事務局は鏡山猛が所属する法文学部国史学研究室に置かれた。そのため，戦前に国史学研究室には資料室が設置され，各地の採集資料や発掘資料が収蔵されていた。このように九州大学における3つの考古学的な核が戦前に

既に存在していたわけであり，それぞれが今日でも人文科学研究院考古学研究室の中山コレクション，総合研究博物館の玉泉館資料（旧六本松図書館所蔵），人文科学研究院考古学研究室考古資料として所蔵されている。

ところで，九州帝国大学における最初の考古学授業は，1929年，京城帝国大学教授であった藤田亮策によって行われた。さらに 1936 年から鏡山が九州帝国大学国史学研究室講師として日本古代史・日本考古学の教鞭を執っていた。

干潟龍祥，進藤誠一ら歴代の文学部長の尽力のもと，1958年，国史学研究室から独立する形で考古学研究室が誕生した。同年 6 月に鏡山が九州大学文学部考古学研究室初代の教授として就任することにより，九州大学考古学研究室が始まった。同年 11 月には渡邉正氣が助手として着任した。教授1名，助手1名という小規模な体制ではあったが，1916（大正5）年に日本で初めて開設された京都帝国大学文学部考古学研究室に遅れること約 40 年以上たっての悲願であった。東京大学，東北大学に次いで国立大学としては第 4 番目に考古学研究室が設置されたことになる。

1960（昭和 35）年 2 月に岡崎敬が名古屋大学教養部から助教授として赴任した。また同年 1 月には渡邉の福岡県教育委員会への転出に伴い，小田富士雄が助手として着任した。ここに教授1名，助教授1名，助手1名の小講座体制が生まれ，本格的な九州大学考古学研究室の活動がなされるに至った。

鏡山教授は国史学出身であったことからも，大宰府条坊の復元など歴史考古学を推進した。大宰府・観世音寺・水城また沖ノ島やおつぼ山神籠石などの歴史時代遺跡の発掘を行ったが，一方では支石墓や環濠集落などの弥生遺跡の研究も進め，単なる年代軸の編年学的研究ではなく，その背景にある社会を視座した社会考古学的研究を行った。

一方，岡崎助教授は中国考古学や東西交渉の考古学など大陸考古学と

いう広範な研究領域を背景として，日本列島の弥生から古墳文化を広く東アジアに位置づける研究を行っていた。この姿勢は，板付遺跡・原山遺跡やカラカミ遺跡で，森貞次郎福岡高等学校教諭らと行った発掘調査においても示されている。さらに対外交流史の研究は，古墳時代から歴史時代の国家的な祭祀が形成された沖ノ島の発掘にも発揮され，その調査成果は『沖ノ島』という大部な発掘報告書に示されている。また，1962年から始まった立岩遺跡における甕棺墓の調査は，出土した漢鏡や青銅武器の大陸からの位置づけとともに甕棺の編年など弥生研究における大きな画期を形成し，その報告書は「西日本文化賞」に輝いている。1965・1966年にはフランス極東学院との共同調査を佐賀県唐津で行い，海外研究機関との共同発掘調査を日本国内で行った数少ないものであり，後に『末廬国』の刊行に繋がっている。

　考古学研究室では，小田助手の退任後，佐田茂助手，下條信行助手と続く。さらに鏡山教授の退官後は，1972年に岡崎教授が昇任し，1973年5月には西谷正が助教授として福岡県教育委員会から赴任した。西谷助教授は朝鮮半島の考古学を中心に東アジア考古学研究を推進し，特に九州と韓国との対外交流史の実証的な研究を進めた。また多くの韓国からの留学生を受け入れ，韓国考古学の人材育成にも尽くした。

　また，1977年1月には文学部附属九州文化史研究施設に奈良文化財研究所から横山浩一教授を迎え，九州大学の考古学がさらに拡大することとなった。横山教授は文学部考古学研究室の教育に携わるとともに，宇木汲田・海の中道遺跡などの発掘調査を主催した。さらに歴史考古学研究のみならず実験考古学的研究を取り入れ，九州大学考古学研究室に考古学理論研究の重要性を説いた。

　岡崎教授の退官後，1987年7月には西谷教授が昇任する。この間，木村幾多郎助手，藤尾慎一郎助手，渡辺芳郎助手と続く。1990（平成2）年4月には京都大学文学部から岡村秀典助教授を迎え，漢鏡や中国考古学研究を中心に東アジア考古学研究を行った。考古学研究室では，山隈

窯跡や番塚古墳の発掘調査を行い,『番塚古墳』や『老司古墳』などの発掘調査報告書を刊行している。また,横山教授退官後は,1989年には医学部解剖学第二講座から田中良之助教授が九州文化史研究施設に着任した。形質人類学的研究と考古学的研究を統合することにより,日本古代の親族構造の解明を進めている。

　考古学研究室の学内機構的な大きな変化は1994年にある。この年,旧教養部と九州文化史研究施設などを母体として大学院比較社会文化研究科が開設されることとなり,九州文化史研究施設から田中教授が着任し,基層構造講座が誕生した。文学部考古学講座は大学院文学研究科を併設していたが,大学院比較社会文化研究科設置に伴い,大学院文学研究科から分離して大学院比較社会文化研究科内に比較基層文明講座を設置し,その担当となることになった。この年から考古学専攻大学院生は比較社会文化研究科へ入学することとなる。

　この年,岡村助教授が京都大学人文科学研究所に転出したのに伴い,1994年4月に,愛媛大学法文学部から宮本一夫助教授が着任した。宮本助教授は,東アジア全域の農耕の始まりから古代国家誕生までの比較考古学や対外交流史を研究し,ユーラシアにおける東アジア先史の相対化を目指している。文学部考古学研究室は西谷教授,宮本助教授,中園聡助手の体制となり,文学部の学部教育と大学院比較社会文化研究科比較基層文明講座を担当することとなる。なお1996年3月には,機構改革により中園助手をもって文学部考古学研究室では助手の常置が廃止されることとなり,教授・助教授の2人体制となった。この間,文学部考古学研究室では,久里双水古墳・岐志元村縄文貝塚の発掘や天久保支石墓・森田支石墓・大友支石墓など支石墓の総合調査,シルクロードの考古学的研究・吉林大学考古学系との共同研究など海外調査を進めている。

　2000(平成12)年4月には大学院重点化により,大学院人文科学研究院と人文科学府が誕生した。学部では文学部,大学院では比較社会文化学府に加え,大学院人文科学府でも考古学専攻学生が入学できること と

なった。西谷教授と宮本助教授による人文科学研究院は，学部と比較社会文化学府とさらに人文科学府を担当することとなる。なお，1999年からは，学部卒業生・大学院修士修了生の卒業論文・修士論文発表会を開催し，九州大学の考古学関係者が共同して参加している。また，同年春から毎年新入生を歓迎して新入生歓迎考古学談話会を設け，教員・卒業生による研究発表会を行っている。さらに2004年12月からは，九州史学会考古学部会が九州考古学会と分離して単独で学会を開催している。

2002年11月には西谷教授の退官に伴い，宮本教授が昇進し，岡田裕之が2年間助手を務めた。さらに2003年10月には福岡県教育委員会から辻田淳一郎講師が人文科学研究院考古学研究室に着任した。辻田講師は古墳時代の鏡研究を中心に古墳時代社会や理論考古学を研究している。また，2008年4月には講師から准教授に昇任している。なお，2009年5月から村野正景が助手を約1年間務めた。

2003年には，人文科学研究院と比較社会文化研究院が共同して九州大学21世紀COEプログラムを始めたことにより，人文科学府考古学講座，比較社会文化学府基層構造講座・比較基層文明講座が合同して横断ゼミを開催し，大学院教育を拡充させた。さらにCOEプログラム終了後は，歴史学拠点コースに東アジア考古・先史学横断ゼミが設けられ，引き続き人文科学府と比較社会文化学府の考古学専攻生が合同して演習に参加している。

この間，人文科学研究院考古学研究室では対馬吉田遺跡，小値賀島遺跡群，壱岐カラカミ遺跡，金比羅山古墳の発掘調査を行い，対外交流史の考古学的調査や島嶼部を中心とする地域間交流の研究を進めている。また，中国社会科学院考古研究所とは中国初期青銅器文化の共同研究を，中国山東大学とは稲作水田農耕に関する総合的研究を進め，国際的な共同調査を展開している。さらに，2008年からは四川省文物考古研究院と共同して中国で3年間の共同発掘調査を実施した。これは九州大

学としては初めての海外発掘調査であった。現在もモンゴル国で共同発掘調査を継続している。

このように考古学研究室は，東アジア考古学，社会考古学，理論考古学を代表としながら，東アジアと九州を中心としたフィールドにより教育・研究を推し進めている。さらに考古学の国際化を推し進め，東アジア・欧米からの留学生の受け入れのみならず，学生の中国・韓国を中心とした海外留学など積極的な海外活動が見られる。また宮本教授による中国山東大学・吉林大学における集中講義など，教員の海外での出講も積極的に務めている。

(5) 西洋史学研究室

西洋史学研究室は，1924（大正13）年9月26日，法文学部設置と同時に開設された研究室の1つである。25年2月には，学習院大学教授の長壽吉が初代教授として着任した。長教授は，日田の勤王書家，長三洲の長男で，東京帝国大学を卒業し，23年10月から渡欧中のところ，九州帝国大学に招聘された。27（昭和2）年5月には，京都帝国大学出身の大村作次郎が助教授として着任した。28年6月には「西洋史談話会」の第1回会合が開催されたが，この組織は後に「西洋史研究会」に受け継がれる。長教授は，新設の西洋史学研究室の研究領域を19世紀以降の国家史に限定することで，新設研究室の特徴とすることをはかり，みずからを内政史，第1次世界大戦原因論を研究していた大村助教授を外政史担当として布陣した。他方，学生は戦前期を通じて31名（内女性3名）を数えたが，当初はいわゆる傍系出身者も多く，学生の出身や経歴は雑多で，形式に馴染まない異端を受け入れる雰囲気があったという。朝鮮半島出身者も4名（内女性1人）を数える。専門領域も，社会思想，宗教，史学理論など，1920年代から日本の西洋史学研究において流行し始めた文化史を含めて多様で，長教授の計画にも関わらず，18世紀

以前を研究する者も少なくなかった。36 年 11 月に病気を理由に，大村助教授が退官した後（37 年死去），37 年 4 月には小林栄三郎が専任講師として着任した。ドイツ近現代政治史を専攻する小林講師は，40 年に長教授が退職した後には，ただ 1 人の教員として，戦中，戦後の困難な時期を支えた（43 年助教授）。この間，日中戦争の進行にともない，西洋史専攻生は激減し，40～47 年の間の卒業生は 1 名のみであった。当初あった複数講座化の話もいつの間にか消えた。

　戦後の西洋史学研究室は，47 年に教授に昇任した小林教授の自由な学風のもと，戦後の全国的規模での大学拡充のなか「戦後歴史学」などの隆盛と相俟って，独特な発展をとげた。52 年には藤原浩を，藤原が 55 年に転任後（57 年死去）の 56 年には森洋を，それぞれ専任講師として招いたが，両者はともに，東京大学を卒業したばかりの新進気鋭の中世史研究者であった（藤原は経済史，森は政治文化史）。他方，小林教授は，41 年に旧制福岡高等学校，50 年に新制九州大学教養部にそれぞれ着任していた今来陸郎教授（ドイツ中世都市史），服部哲郎助教授（アメリカ史）を，文学部の研究指導教員の一員として遇し，単数講座の研究室にも関わらず，充実した教員スタッフを確保した。この体制は，今来や服部の後任である馬場典明（古代ローマ史；67 年着任），志垣嘉夫（フランス近世史；74 年着任）に対しても引き継がれたと同時に，近隣の諸大学に勤務する研究者との交流も盛んであった。学生数も爆発的に増加し，60 年代にはほぼ定員一杯の進学生を迎えていた。小林教授の直接の指導のもと，近現代社会運動史研究がもっとも多くの学生の関心を集めたが，その対象は，イギリス，フランス，ドイツ，アメリカ，さらにはロシアにまで及び，比較史が意識的に追求されていた。他方で，ローマ，中世，近世を卒業，修士論文のテーマに選ぶ学生も多く，研究者も，時代，ジャンルを問わず輩出している。

　学生の自主的な研究会活動は活発で，全員参加の西洋史研究会以外に，ロシヤ研究会，ドイツ史研究会／ドイツ労働運動史，イギリス史研

究会，フランス史研究会，ウェーバー研究会が連日のように開催されていた。研究室外においても，47年には早くも組織された九大文学部史学科共通の史学談話会のほか，59年には九州地区史学学生協議会，65年には西日本西洋史学生ゼミナール等の発足をリードした。戦前からの流れを引く西洋史研究会は，52年に機関誌『西洋史学論集』第1輯を発刊したが，ここでも院生，学生が主体的な役割を果たした。この時期の助手は短期の間に交替しており，これも多くの若手研究者が組織運営を経験することを可能とした。海外交流も盛んで，65年にはドイツ中世史の大家マイヤー，ボズル，ヘルビックの3人組，同年アメリカ社会党史研究者のシャノン，66年にはフランス古文書学校のジュオン・デ＝ロングレ，67年にはフランス革命史研究の大家ソブール，71年にはフランス現代史研究者のデュロゼルと，海外研究者の来訪が相次いだ。最後に，この時期の西洋史学研究室の顕著な特徴として，激動する戦後社会への強いリンクが挙げられる。ここでは，森崎和江の『無名通信』や九州大学労働組合婦人部の活動と連携しながら，女子学生のなかに女性史，ジェンダー史への関心が早くもきざしていたことを記しておきたい。

　70年以後，学生紛争の影響のためか，学生数が急激に減少するなか，72年には小林教授が退官を迎えた。同年6月の森の教授昇任に始まる二十数年間に，西洋史学研究室は「グローバル化の時代」とも形容できるあらたな発展期を迎えた。森教授は，59年から61年まで給費留学生としてフランス留学を経験し，その後も頻繁に海外での国際会議出席や調査に携わった。78年には，元フランス古文書学校教授ペラの蔵書からなる「ペラ文庫」の附属図書館受入に尽力した。73年には，東京大学出身の黒川康が助教授として着任したが，黒川助教授もまた，ミュンヘン大学での国費留学経験者であり，卒業論文指導は，ドイツの文書館から資料をマイクロで取り寄せるなど，徹底した現地主義が貫かれていた。黒川助教授が84年に転任した後，87年に着任した深澤克己は，政

府留学生としてエクス大学（フランス）に留学し，そこで完成させた博士論文が直ちにフランスの有力出版社で刊行されたという経歴の持ち主である。森教授以後の歴代教員に共通するのは，西洋史学研究は欧米の研究者と問題関心と方法をリアルタイムで共有して行われるべきという確信であり，そのための基礎教育（古書体学，文書学）が学部段階から行われていた。74 年に教養部に着任した志垣嘉夫助教授は，森教授の薫陶を受けたフランス近世史研究者だが，政府留学生としてディジョン大学に留学し，文書館所蔵の領主裁判史料研究を数多く発表している。

　この時期の教員スタッフは，文学部 2 名，教養部 2 名に加えて，アメリカ史の三浦進教授（福岡女子大学），イギリス近代史の古賀秀男教授（山口大学），桑原莞爾教授（熊本大学），さらにはロシア現代史の西嶋有厚教授（福岡大学），ドイツ農民戦争史の前間良爾教授（佐賀大学）等が，定期的に授業を担当しており，後には，ロシア近代史の高田和夫教授（教養部），イギリス近代史の松塚俊三教授（福岡大学）が加わって，質量ともに充実した体制を誇った。さらに，学内の他部局教員との連携も深く，なかでも経済学部の森本芳樹教授（中世史）とは，学生指導のみならず，研究会開催等においても密接な関係が築かれていた。海外の研究者の歴訪も盛んで，72 年マンドルー（フランス近世），75 年グベール（フランス近世），79 年ガイスおよびコッカ（ドイツ現代），82 年ジェニコ（中世），アイ（ドイツ現代），84 年ギユマン（フランス中世），87 年ヴォヴェル（フランス革命），クリフォ（ローマ），ペロー（フランス現代），89（平成元）年ドルアン（フランス近世），90 年リシェ（中世），93 年ビュテル（フランス近世）など枚挙にいとまがない。女子学生が大半を占める学部学生は，ほぼ定員一杯の進学生を毎年受け入れることが恒常化し，専攻領域も，ローマ，中世，フランス近世，アメリカ，イギリス近代，ドイツ現代と幅広い。博士課程院生については，すでに 60 年代末から留学が当然視されており，多くの留学経験者が研究室を取り巻いていた。

90年に森教授が退職した後，94年に教授に昇任した深澤教授は，翌95年転任して九州大学を去り，専任教員を欠くという異常な状況を招く結果となった。96年，ドイツ近世国制史を専攻する神寶秀夫教授が着任し，その空白期を埋めるべく教育に注力し，また九州西洋史学会の事務局を研究室に戻し，同会の拡充に努めた（11年に再び離れる）。その後，99年にはフランス中世史を専攻する岡崎敦助教授（11年教授）が，02年にはインタナショナル（国際社会主義）史を専攻する山内昭人教授が，それぞれ着任した。後者は大学院重点化及び学府・研究院制度の導入に際して配分された純増ポストによるものであり，3名指導体制が始まった。その一方で，教養部の解体と関係教員の退職，逝去なども重なって，学内の西洋史学研究者は減り，非常勤講師については短期で広く近隣大学の研究者を招聘することとし，論文指導は専任教員のみで担当することとなった。学生数は2000年代中頃から激減し，近年の進学生は3〜5名を数えるのみである。

　この時期の修士院生は，もはや研究者を目指す者だけではないが，その研究領域は，ローマ2名，フランス中世5名，スペイン中世1名，イギリス中世2名，ドイツ近世3名，イギリス近代2名，イギリス現代1名，フランス現代1名，イタリア現代1名，ブルガリア現代1名，欧州統合1名である。博士号は，乙は卒業生の取得が相次ぐ一方で，甲はフランス中世2名，フランス近世2名である。研究会については，科研や学外の教員とも連携して，99年より「近代国家研究会」，02年より「西欧中世史料論研究会」，そして03年より「西洋現代史セミナー」がそれぞれ開催されてきた。海外交流については，2000年ジャン・ドリュモー（中世），01年ノルマン（フランス近世），ゲロー（ローマ），03年コンスタブル（中世），04・09年アールツ（中世），05年ドヴロワ（中世），アタル（フランス大学史），トック（フランス中世），07年モレル（フランス中世），09年ディルケンス（中世），11年ジャン＝ピエール・ドリュモー（イタリア中世）を招聘しての講演会，研究会が開催された。

(6) イスラム文明学研究室

　イスラム文明学研究室は，1993（平成5）年4月に，文学部史学科に開設された。国立大学の史学科にイスラーム史研究のみに特化した研究室が生まれるのは，日本でも最初のことであり，日本とアジアを結ぶ九州大学の特色のある取り組みとして，新聞などでも大きく紹介された。20世紀後半に大きく飛躍した日本の中東イスラーム研究は，歴史学が主導する形で発展をしてきたが，そのような情況を大きく反映する出来事であり，日本におけるイスラーム史研究の広がりに対する大きな期待を担っての船出であった。

　同年10月には清水宏祐教授（1947～）が東京外国語大学より着任し，同時に5名の第1期生が教養部より進学した。研究室開設当初は東洋史学の研究室に間借りをする形であったが，翌1994年4月に自前の研究室をもち，研究室としての陣容が整った。これらの1期生はいずれも意気軒昂であり，清水教授の熱意溢れる指導の下に学生による研究室運営体制を作り上げ，その後のイスラム文明学研究室の気風の礎を築いた。

　清水教授は，着任後直ちに研究室の集書計画に着手し，イスラーム史関連のアラビア語，トルコ語，ペルシア語の原語史料および欧米の代表的な研究書をいちから集積した。これによって約5年後には，学生にとってもほぼ基礎的な研究には困らない環境が整えられることとなった。同時に，直ちにアラビア語，トルコ語，ペルシア語の授業が開始され，学部生段階から直接に原語史料に取り組む方針が徹底された。さらに，集中講義の形で他大学の一流の研究者を招聘し，九州にあって，日本のイスラーム史研究の最先端につねにふれることのできる体制が用意された。

　このようにイスラム文明学研究室の立ち上げから尽力した，清水教授の専門は中世イラン史・トルコ史であり，九州大学在任中は特にイス

ラーム農学史の研究を推し進めた。この分野は国内外において未開拓であり，清水教授は主にペルシア語の農書の分析を進めるとともに，農学分野の理系研究者と共同研究を行うなどして，日本におけるイスラーム農学史という分野そのものを切り開いた。その成果を，『イスラーム農書の世界』（山川出版社，2007）などによって広く巷間に知らしめた。

　清水教授の研究スタイルの大きな特徴は，史料に対するこだわりであり，特に写本史料を，その記述内容だけでなく物体そのものの史的情報をゆるがせにしない，ということをつねに念頭において研究を進めた。このような史料重視姿勢の大きな表れが「データ提示型論文」の推奨であり，常々，史料に表れるデータを丹念にすくい上げ，論文として提示すること自体に研究の意義を求めた。このスタイルは，開設当初よりのイスラム文明学研究室の大きな特徴となり，現在に至る学生の多くが卒業論文・修士論文において果敢に原語史料と向き合い，その歴史的情報を分厚いデータとして提示してきた。その蓄積がイスラム文明学研究室の財産として，大学院生・学部生の研究を支え，若き伝統を生み出している。

　清水教授の研究の，もうひとつの特徴は，現地生活の豊かさを伝え，その生活を映像資料化することであった。その現地フィールドは主にトルコ共和国であり，カイセリなど主要都市・農村の映像資料を録画保存し，それを元にした現地生活の変容などについての学会報告を行った。これらの映像資料は研究室における学生教育や授業の題材としても活用され，所属学生の関心を大きく惹き付けるとともに，学生の留学・現地訪問や現地調査の気運を大きく高めることにも貢献した。さらに2007年10月には旧工学部本館の1室に「映像演習室」を設置し，映像作業や映像関連の演習の場として教育・研究を推進した。

　1995年4月には清水和裕が助手として加わり（〜1998年3月），翌96年4月に大稔哲也助教授が山形大学より着任した。大稔助教授の専門は前近代エジプトの聖墓参詣を中心とした社会史研究であり，参詣の

書などのアラビア語写本や文書研究にもとづいて中世の民衆生活史に新風を吹きこんだことで知られている。また現代カイロのフィールドワークにも熱意を注ぎ，その挑戦的な問題意識と大胆な臨地研究手法は，学生の研究に大きな刺激を与えた。大稔助教授は，2000年にカイロ大学ムハンマド・アフィーフィー教授を半年にわたって招聘するなど，現地研究者との交流も推進し，イスラム文明学研究室の研究教育活動の向上に大きな役割を果たした。また2004年4月から2006年3月には第1期生の西村淳一が助手に任じられた。

　2006年3月に大稔助教授が東京大学に転出した後は，2007年4月より清水和裕が准教授として着任した。清水和裕准教授はアラブ史を中心としたアッバース朝史，初期イスラーム史を専門として，九州大学着任後は主に中世イスラーム社会の奴隷制研究を行っている。

　学生生活に目を向けると，文系棟2階の研究室がつねに学生の勉学その他の活動の中心であり続けた。1996年に最初の大学院生（修士課程1年）が誕生してからは，大学院生と学部生が共同して研究室を運営するとともに，同96年には12月の九州史学会大会に初めてイスラム文明学部会を設置し，一丸となって学会事務に関わることとなった。部会報告の司会や進行にも学部生が積極的に関わることが珍しくなく，この部会を通して他大学の大学院生との交流も生まれている。また，1999年からは京都大学文学部西南アジア史研究室との合同夏合宿が恒例となり，2003年からは神戸大学文学部東洋史学研究室も加わって，2010年まで継続的に行われ，学生間の交流が進んだ。現在中断状態にあるのが惜しまれる。

　このふたつの行事の間にも，学生による自主的な原語史料や研究書の読書会・輪読会が恒常的に行われ，さらにバーベキューや鍋料理の会，またコフタやドルマ，コシャリなど中東の料理を食べる会などの親睦行事が定期的に行われた。これらによって勉学・研究に関する関心と意欲を高めることは，研究室として重要なことであろう。卒業後は，多くの

学生が高校教員，地方公務員，マスコミ・教育関係者などとして社会に貢献している。

　2012年3月清水宏祐教授が定年により退職し，これによってイスラム文明学研究室のひとつの時代が画されることとなった。今後，九州の地において，いかに最先端のイスラーム史研究を発信し続けるかが，教員，学生共通の責務として問われていくこととなる。

第3節　文学コース

(1) 国語学・国文学研究室

　国語学・国文学研究室は，1926（大正15）年5月に国文学講座として開設された。教官は，奈良女子高等師範学校から転じた春日政治教授（1878～1962，国語学）と，京都帝国大学卒業後に赴任した小島吉雄講師（1901～90，国文学）の2人であった。

　春日教授は研究室の基礎を作り，1938（昭和13）年3月に定年退官したが，帝国学士院賞に輝く名著『西大寺本金光明最勝王経古点の国語学的研究』（1942）で知られるように，国語学の一分野として訓点語学を確立した功績は絶大であり，その学統は今なお国語学・国文学研究室に受け継がれている。

　春日教授の後任には，高木市之助教授（1888～1974，古代文学）が1939年4月に京城帝国大学より来任した。高木教授は1946年9月，定年まで数年を残して退官したため，1927年4月に講師から昇任後も研究室の運営を補佐してきた小島助教授が，後任の教授となった。高木教授の在任中には，これも名著の誉れ高い『吉野の鮎　記紀萬葉雑攷』（1941）が刊行されている。

　また，台北帝国大学から終戦後に帰国した福田良輔講師（1904～74，

国語学）が1946年7月に来任，1948年6月に助教授となり，小島教授が1949年4月に大阪大学に転出したあと，1950年7月に教授に昇任した。小島教授には，大著『新古今和歌集の研究』2巻（正編1944，続編1946）がある。

小島教授の後任には，杉浦正一郎助教授（1911～57，近世文学）が1950年10月に北海道大学より来任，1953年4月の講座増設に際して第二講座（国文学）の初代教授となったが，1957年2月，在任中に逝去した。享年47歳。没後出版された論文集『芭蕉研究』（1958）には，文部大臣賞が授与された。

第一講座（国語学）の福田教授のもとには，1954年7月に教養部から文学部に転じた春日和男助教授（1915～2012）が加わり，2人体制となった。春日助教授は，国語学・国文学研究室の初代教授春日政治の子息である。福田教授は1968年3月に定年退官し，7月に春日助教授が教授に昇任した。福田教授の主著に『古代語文ノート』（1964），『奈良時代東国方言の研究』（1965）がある。

福田教授の後任には，奥村三雄助教授（1925～98）が1969年4月に岐阜大学より来任し，春日教授との2人体制に戻った。

一方，第二講座の杉浦教授のもとにも，1956年10月に清泉女子大学より今井源衛助教授（1919～2004，中古文学）が来任し，2人体制となっていたが，杉浦教授の逝去を受け，1958年4月には中村幸彦教授（1911～98，近世文学）が天理大学より来任した。これ以降，中村教授が1971年3月に関西大学に転出するまでの間は，中村教授の指揮下，今井助教授に院生や学部生も加わり，肥前島原松平文庫の古典籍調査が継続的に行われるなどして，文献に即した実証的な研究を身上とする国語学・国文学研究室の学風が確立するうえで，特別の意味があった。

中村教授の転出後，7月に今井助教授が教授に昇任した。中村教授には，『近世小説史の研究』（1961），『戯作論』（1966）などの著書があるが，後年編まれた『中村幸彦著述集』全15巻（1984～89）によって，その

学問の偉容がようやく眺望できるようになった。

　第一講座では，春日教授が1978年3月に定年退官し，7月に奥村助教授が教授に昇任した。春日教授が，親子2代にわたり国語学・国文学研究室の発展に尽くした功績は測り知れない。主著に『説話の語文』(1975) がある。

　春日教授の後任には，迫野虔徳(ふみのり)助教授（1942～2011）が1980年4月に熊本大学より来任した。講座開設より半世紀余り，国語学・国文学研究室の卒業生が教官となった最初である。

　奥村教授は1989（平成元）年4月に定年退官し，12月に迫野助教授が教授に昇任した。奥村教授には，『聚分韻略の研究』(1973)，『平曲譜本の研究』(1986) などの著書があるが，退官直後に刊行された『方言国語史研究』(1990) こそがその研究の集大成というにふさわしい大著である。

　奥村教授の後任には，髙山倫明(みちあき)助教授（1955～）が1993年4月に名古屋大学より来任した。髙山助教授は奥村・迫野両教授の門下生でもある。

　迫野教授は2006年3月に定年退職し，2007年7月に髙山准教授が教授に昇任，現在に至っている。迫野教授には，新村出賞受賞に輝く名著『文献方言史研究』(1998) がある。

　迫野教授の後任には，青木博史准教授（1970～）が2009年4月に京都府立大学より来任し，現在に至っている。青木准教授も迫野・髙山両教授の門下生であり，国語学の教員は迫野教授以来，卒業生・修了生が3代続いている。近著に，髙山教授の『日本語音韻史の研究』(2012)，青木准教授の『語形成から見た日本語文法史』(2010) がある。

　一方，第二講座の中村教授の後任には，その学問に深く傾倒していた中野三敏助教授（1935～，近世文学）が1972（昭和47）年4月に愛知淑徳短期大学より来任した。

　今井教授は1982年3月に定年退官し，7月に中野助教授が教授に昇任した。今井教授には，『源氏物語の研究』(1962)，『王朝文学の研究』

(1970),『紫林照径源氏物語の新研究』(1979) など多数の著書がある。

　今井教授の後任には，今西裕一郎助教授（1946～，中古文学）が1985年4月に京都府立大学より来任，1996 (平成8) 年9月に教授に昇任した。源氏研究の論客として名を馳せていた今西教授は，着任を境に考証的な研究へと傾斜するが，この変貌は中野教授の影響抜きには考えられないことである。

　1994年4月には，教養部改組にともない辛島正雄助教授（1955～，中古・中世文学）が文学部に配置換えとなった。その結果，国語学・国文学研究室の教官（教員）定数は5名に増えた。その後，辛島助教授（のちに准教授）は2008年4月に教授に昇任，現在に至っている。

　中野教授は1999年3月に定年退官し，後任として上野洋三教授（1943～，近世文学）が2001年4月に国文学研究資料館より来任した。中野教授には，サントリー学芸賞・角川源義賞をダブル受賞した名著『戯作研究』(1981) があるが，退官後も精力的に各方面で活躍，2010年には文化功労者にも選ばれ，江戸文化全般に通暁する大家として，その名声は海外にも及んでいる。

　上野教授は2007年3月に定年退職。主著に『元禄和歌史の基礎構築』(2003) がある。また，今西教授も定年まで1年を残し2009年3月に退職，その後は国文学研究資料館館長として，国文学界全体を牽引する要職にある。主著に『源氏物語覚書』(1998),『蜻蛉日記覚書』(2007) がある。

　上野教授の後任としては，川平敏文准教授（1969～，近世文学）が2010年4月に熊本県立大学より来任し，現在に至っている。川平准教授は2000年度第26回日本古典文学会賞受賞に輝く中野教授門下の俊秀であり，今井教授の門下生であった辛島教授ともども，国文学の教員も卒業生が占めることとなった。

　以上のような歴代教官・教員とともに国語学・国文学研究室の充実・発展に欠かせなかったのが，重松泰雄教授（1923～98）から始まり，

海老井英次教授（1938〜）・花田俊典教授（1950〜2004）と引き継がれ，現在は松本常彦教授（1957〜）が担当する，教養部（改組後は大学院比較社会文化研究院）の教官・教員による近代文学の演習と論文指導である。漱石研究の泰斗であった重松教授の厳格な学風は，その後の教授陣に継承されているが，全員が国語学・国文学研究室の卒業生でもある。

また，留学生担当教官として期限付きながら国語学・国文学研究室の運営に携わったのが，現在は東京大学大学院教授のロバート・キャンベル講師（1957〜，近世文学）と，奈良女子大学教授の鈴木広光講師（1964〜，国語学）である。キャンベル講師は1988年4月から1995年3月まで，鈴木講師は1996年4月から2002年3月まで在任した。

そのほかにも，歴代の助手が長きにわたって研究室運営の一翼を担ってきたが，近来の大学改革の煽りを受け，その雇用は困難となり，古き良き時代の研究室体制は過去のものとなり果てた。それだけに，今後は教員と学生とが十分な意思疎通を図り，協力して研究室を盛り立てることが肝要である。

なお，法文学部時代以来，国語学・国文学研究室からは多くの部局長を輩出してきた。戦前には，春日教授・高木教授が法文学部長を務め，戦後は，中村教授・今井教授・中野教授・今西教授が文学部長を務め，文学部全体の発展に寄与してきたことも特記しておきたい。

国語学・国文学研究室の1学年の定員は18名であるが，定員割れすることはごく稀であり，大学院生に研究生や短期留学生まで含めると，常時100名前後が集い合う，文学部随一の大所帯である。同窓会を兼ねる九州大学国語国文学会が毎年6月に開催されるほか，1951年創刊の学会誌『語文研究』は優に100号を越える歴史を刻み続けている。また，1977年に数名の大学院生によって立ち上げられた同人誌『文献探究』も，後輩たちによって受け継がれ，50号を数えるまでになった。

卒業生・修了生は全国に雄飛し，遠くは北海道大学から，東京大学・慶應義塾大学・名古屋大学・大阪大学・広島大学等の有力大学，さらに

九州一円の大学で大勢が活躍中であるほか，中国・韓国・台湾等，母国の大学の教員となった留学生も少なくない。今後とも多彩な人材を育成し，伝統ある研究室をいっそう発展させることが，教員一同の使命と肝に銘じている。

(2) 中国文学研究室

　中国文学研究室は1927（昭和2）年10月に支那文学講座として開設された。当初は専担者不在により，塩谷温（東大教授。1878～1962）を臨時講義に招いたり（1929～30），山内晋卿（1866～1945）講師に支那文学の講読を委嘱したりした。この頃の講座の卒業生数は2～3名。1933（昭和8）年，目加田誠（1904～1994）が助教授に任命され，中国文学研究室の歴史が事実上始まる。目加田は続いて文部省在外研究員として中国に出張し，1935年に帰国する。この間，山内晋卿や遠藤實夫等が講師を務めた。1938年，目加田が教授に昇任し，翌1939年，松枝茂夫（1905～95）が講師として着任する。松枝は1941年に助教授昇任，1947年に東大へ転出した。第二次大戦後は中国引き揚げの学生も加わったが，研究室の学生院生総数は10名以内であった。目加田は1967年に定年退職し，早稲田大に移る。目加田はこの間34年に渡って中国文学研究室を主導し，西日本における中国文学研究の拠点として，今日に至る中国文学研究室の基礎を築いた。

　1966年，岡村繁（1922～）が助教授として着任する。岡村は1968年に教授に昇任し，1986年に定年退職するまで20年間，一貫して研究室の振興に尽力した。岡村は文学部長・図書館長等の要職を兼務する一方，新制大学における学問研究の模範を示し，研究者や学生を多数育てた。この間，研究室の学生院生総数は十数名。中国文学研究室は目加田がその基盤を築き，岡村が確かな学問研究の方向を示したといえる。1971～82年は林田慎之助（1932～）も助教授として中国文学の教育と

研究に努めた。

1985 年，竹村則行（1951〜）が助教授として着任する。翌 1986 年に岡村が定年退職し，1995（平成 7）年に竹村が教授となる。その後，2000 年に静永健助教授（1964〜）を迎えて今日に至っている。開設当初は 10 名前後だった研究室の学生院生等の総数は 2012 年度で 30 名を越えた。この間，記名は省くが，他の研究室同様，歴代の助手が学生院生の指導や事務処理を通じて研究室の振興に果たした功績は大きい。

国家であれ，大学であれ，組織の歴史は全構成員が協力して紡ぎ出すものであるが，以下は，組織の代表者として歴代教授の簡史を中心に述べる。

目加田誠：戦後日本における新生中国文学研究の草分け的存在である。古代中国文学から現代中国文学まで研究対象は幅広い。『目加田誠著作集』（全 8 巻，龍溪書舎，1981）のほか，訳注書に『詩経』『楚辞』『文心雕龍』『世説新語』『唐詩選』『唐詩三百首』『杜甫』その他がある。

岡村繁：中国文学史の従来の定説や常識にとらわれず，自由で斬新な発想と緻密な考証に基づく大胆で細心な論述に特徴がある。『岡村繁全集』（全 10・別 1 巻，上海古籍出版社，2002〜10。中国初の漢訳個人全集），『白氏文集』（明治書院，新釈漢文大系，1990〜，既刊 11 冊）のほか，研究論著に，屈原・文心雕龍・文選・陶淵明・広瀬淡窓旭荘その他がある。『東方学』（124 輯，2012）に特集を組む。

竹村則行：中国近世近代（明清民国）の文学（詩文戯曲小説）研究が中心。『長生殿』の楊貴妃故事や『孔子聖蹟図』版本，更には中国出版文化史研究に関心を持つ。『楊貴妃文学史研究』（研文出版，2003），『驚鴻記訳注』（中国書店，2007），『長生殿訳注』（研文出版，2011）等がある。

静永健：白居易『白氏文集』を中心とする中国古代文学を研究する。中国のみならず日本や朝鮮に残存する旧鈔本を活用し，内外の次世代研究者と共に，多角的かつ鋭角的に研究を進めている。『白居易「諷諭詩」の研究』（勉誠出版，2000），『漢籍伝来：白楽天の詩歌と日本』（勉誠出版，

2010),『唐詩推敲：唐詩研究のための四つの視点』（研文出版，2012）等がある。

招聘外国人教師・講師等：中国文学研究室における中国語教育は，当初 1943 年に万鴻年を招聘し，1949 年以後は影山 巍(たかし)，那須清，樋口進等が担当した。1977 年からは学長（総長）招聘による外国人教師が配属されて中国語による演習を担当し，院生学生の中国留学や国際学会発表等での助言指導等に貢献している。歴代の外国人教師（担当年度，出身大学。～ 2012 年度）は次の通りである。劉三富（1977 ～ 85，九州大）～陳熙中（1986 ～ 87，北京大）～李文初（1988 ～ 89，曁南大）～張少康（1990 ～ 91，北京大）～馬振方（1992 ～ 93，北京大）～康保成（1994 ～ 96，中山大）～駱玉明（1997，復旦大）～汪涌豪（1998 ～ 99，復旦大）～孫立（2000 ～ 01，中山大）～董上徳（2002 ～ 04，中山大）～劉子瑜（2005 ～ 06，北京大）～孫明君（2007，清華大）～羊列栄（2008 ～ 09，復旦大）～戚世雋（2010 ～ 11，中山大）～杜暁勤（2012，北京大）。

さらに，教養部（比文・言文）や近隣大学等から出講を得た講師は以下の通り。濱一衛・小西昇・秋吉勝広・上尾龍介・山田敬三・佐々木猛・合山究・岩佐昌暲・阿部泰記・高橋繁樹・森川登美江・佐藤昭・石其琳・王孝廉・日下翠・新谷秀明・明木茂夫・西山猛・藤井良雄・松浦崇・柳川順子・若杉邦子・岡村真寿美・黄冬柏・呉紅華。

また以下の著名講師も臨時講義等を担当し，研究室の振興に貢献した。青木正兒・小川環樹・小野忍・竹内好・藤堂明保・前野直彬・鈴木修次・入矢義高・水谷真成・伊藤漱平・丸山昇・岩城秀夫・入谷仙介・清水茂・村上哲見・興膳宏・松浦友久・慶谷壽信・塚本照和・大塚秀高・佐々木猛・内山精也・小川陽一・白水紀子・佐藤晴彦・是永駿・佐藤正光・佐竹保子・高津孝・金文京・川合康三・大西克也・宮本徹。

研究室では日常の懇談や毎年恒例の合宿（九重山の家他）等によって相互懇親を深めるほか，九州中国学会（1953 ～）や日本中国学会（1949 ～），東方学会（1947 ～）等の研究会・学会を通じて学術情報の交換に努めて

いる。研究室主宰の中国文藝座談会の略史は次の通りである。（　）は主宰者。

　Ⅰ中国文芸座談会（目加田）…1951年5月～61年12月。第1～77の77回。／Ⅱ中国文学研究発表の会（目加田）…1962年9月～65年6月。第1～15の15回。／Ⅲ中国文学研究発表の会（第二次中国文芸座談会）（目加田）…1965年8月～68年11月。第1～21回の21回（この21回は次のⅣ中国文学研究発表会とⅤ中国文藝座談会に包含される）。／Ⅳ中国文学研究発表会（岡村）…1970年2月～77年9月。第22～52回の31回。／Ⅴ中国文藝座談会（岡村）…1977年11月～86年3月。第53～100回の48回。／Ⅵ中国文藝座談会（竹村）…1986年4月～2000年3月。第101～185回の85回。／Ⅶ中国文藝座談会（竹村・静永）…2000年4月～12年3月。第186～258回の73回。

　文芸座談会という名称が物語るように，初期の研究会は隣国の新生中国を強く意識していたが，岡村赴任後は中国古典研究に重点が移り，現在に至る。参加者は研究室構成員と卒業生その他で毎回30～40人。例えば2012年3月の第258回は中国文学研究発表の会（第二次中国文芸座談会）以来の回数であり，それ以前のⅠ＝77回とⅡ＝15回の計92回を加えれば，第258回は77＋15＋258＝通算350回になる。いずれにせよ，中国文藝座談会はこれまでの中国文学研究室の成長を育んだ，全国でも稀な長い歴史を有する研究室主宰の研究会である。これらの基盤の上に刊行されたこれまでの出版物は次の通り。『中国文芸座談会ノート』（1954～68，17冊）・『中国文学論集』（1970～2012，41冊）・『わかりやすくおもしろい中国文学講義』（中国書店，2002）。

　研究室卒業生の進路は一般企業（旅行，放送，人材派遣，サービス業，塾，金融，印刷など）・公務員・教員・大学等と多彩である。日中交流が盛んになった近年は，職場でも中国語や中国情報に接する機会が増えた。研究室の卒業生が就職した大学名は次の通りである（下線は現職。数字は複数教員数）。

小樽商科・明治・二松学舎・横浜国立・山梨県短・椙山女学園・京都女子（2）・佛教・奈良教育・岡山・愛媛・徳島・高知女子・島根・鳥取・広島・県立広島・山口（2）・梅光学院・北九州市立・九州共立・福岡教育・九州産業・福岡女子・九州（5）・福岡（4）・久留米・筑紫女学園・佐賀・大谷短・大分・大分芸短・熊本・鹿児島（2）・鹿児島県短・志学館。

　日本と中国は2000年を越える長い交流史があり，友好と非友好の歴史を繰り返してきた。遣唐使の平安時代や鎖国江戸時代の中国への憧憬もあれば，近現代においては熾烈な日清－日中戦争を経験した。近年は南海の小島をめぐって両国の軋轢が顕著になっており，学術文化交流への影響が懸念される。

　学生や教員の交流は両国の政治社会情況と密接に関連する。1945（昭和20）年直後の研究室の学生や教員は中国からの帰国者が主であった。当時の学術文化交流は主に民間の友好団体が担っていたが，1972年の日中国交回復後は国家間の公的交流が促進されるようになる。その後40年を経た今日，日中双方の教員や学生の公費や私費による留学や研修等の相互交流は日常的になっており，相互に良好な交流成果を挙げている。国家百年の計にかかる人的交流，とりわけ学生の相互交流は今後も大切にしたい。

　歴史的・地理的に中国と関係が深い九州に位置する九大中国文学研究室は，国家の政治や経済の影響を受けることは免れないとしても，友好と非友好が綯い交ぜになった歴史の中で，多くの先達が営々として築いてきた確かな実績を有する。研究室が今後も伝統ある中国文学の研究と日本文化の骨幹たる漢文の探求という目標に向かって邁進する限り，日本や中国も含めた中国文学研究の有力拠点としての従来の評価を堅持し，さらに高めることができる。

(3) 英語学・英文学研究室

　法文学部創設にともない1925（大正14）年5月に英文学講座が設置され，初代教授に東京女子師範学校教授であった豊田實（1885～1972）が任じられた。1927（昭和2）年に和歌山商業高等学校教授中山竹二郎（1893～1975）を講師に迎え，中山は翌1928年に助教授に任じられ，講座の体制が整った。

　また，外国人教師として，佐賀高等学校の英国人教師O. R. ロビンソンを1926年から1932年秋まで講師に委嘱し，続いて1935年3月までJ. G. G. マーターが着任した。その後，E. G. ヒックスが1年間，1937年4月から1941年10月までメーヤーが任につき，1941年秋にポッターが赴任したが2学期のみで授業が打ち切られ，以後1951年まで外国人教師は不在となった。

　G. エリオット研究，音声学研究で多くの著書をもつ豊田と中世英語英文学に造詣が深い中山は，小説，詩，中世英語，音声学などの英文学，英語学の幅広い講義，演習を行った。豊田は英学史研究の第一人者でもあり（1964年に設立された日本英学史学会初代会長であり，同学会では「豊田實賞」が設けられている），豊田の寄贈による九州大学附属図書館所蔵の「筑紫文庫」は，日本英学史編纂資料の和洋書及び雑誌200冊，江戸中期から明治中期に至る時期の語学書，文芸作品（新体詩，翻訳小説等）の和書1960冊，洋書709冊からなる日本英学史や比較文学研究にとって大変貴重な資料である。

　1928年3月には第1回卒業生10名を送り出し，12月に英文学研究室の卒業生，職員の親睦と研究を深めることを目的に九大英文学会が設立され，『英文学会会報』を発行した。また，1930年に初めて女子学生1名が卒業し，その後1936年に1名の女子卒業生がでるものの女子学生は僅少であった。1937年頃から時局が切迫し，学生数そのものが減少した。

1945年9月に豊田教授は定年退官し，1947年4月に中山が教授に昇任し，翌1948年4月には第三高等学校教授であった前川俊一（1908～1993）を助教授に迎えた。1948年の日本英文学会九州支部創立に尽力し，1956年秋まで支部長を務めた中山教授は1957年3月に定年退官し，10月に前川助教授が教授に昇任した。そして，1958年3月に教養部助教授で英文法，意味論・語用論研究を専門とする毛利可信（1916～2001）を助教授に迎えた。毛利は1961年4月に大阪大学文学部に転出し，同年11月に神戸大学助教授であった英文法，英語史研究を専門とする松浪有（1924～1993）が助教授に着任した。また，1965年4月に福岡女子大学助教授であった米文学の元田脩一（1926～1977）を助教授に迎え，1967年3月に松浪が転出後，1968年4月に立教大学助教授であった英語学の大江三郎（1930～1986）が後任の助教授に着任した。1968年4月に英語学・英文学講座に改称，第二講座が増設された。英語学，英文学，米文学の3分野の専任教官が揃い，研究室に自由闊達な学問的雰囲気が広がった時期であった。

　1951年4月には長らく不在であった外国人教師として米国人ベンジャミンを2年間迎えた。その後，フルブライト交換教授として1954年にT. サマーズギル，1958年にサウスワース，1966年にH. R. スワードソン，1967年にA. E. クンストの米国人をそれぞれ10か月の任期で迎えた。また，ブリティッシュカウンシルの斡旋により，1956年秋からP. ガードナー，J. ハーバート，N. ウェリングズ，B. ショート，D. キーンと英国人教師が2～3年任期で引き続き着任し，キーンの後任として，英国人R. A. O. クラークが1969年6月から着任した。英米2名の外国人教師が講座の教員として定着したのもこの時期からであった。

　1948年頃より学生数が増加し，英文科志望者数は文学部内で第1位を保持した。また，1953年5月に新制大学院（修士課程2年，博士課程3年）が設置され，1955年に2名の第1期生が修士課程を修了した。1950年代後半から学部卒業生の就職先は従来の教職に加え，公務員，

マスコミ，一般企業等と幅が広がった。また，1960 年頃より女子学生の比率が増したが，女子学生の大学院進学者は依然として少なく，1970 年代から漸増した。

　しばらく途絶えていた会報は 1947 年 *QA Bulletin* という名称で発刊され，休刊時期はあったものの 1977 年に復刊し，現在まで刊行を続けている。1960 年には大学院研究機関誌 *Horizon* が創刊された。*Horizon* は翌年から *Carin* に改名し，さらに 31 号より『九大英文学』に改名したが，毎年 1 回の刊行を着実に重ねている。

　1971 年 4 月に教養部助教授，英文学の蛯原啓（1938 〜 1982）を第二講座助教授に迎え，1972 年 6 月に元田が第二講座担当の教授となった。第一講座は，1972 年 3 月に英国ロマン主義文学，特にワーズワース研究では国内第一人者であった前川教授が定年退官の後，1974 年 1 月に大江が教授に昇任し，1975 年 4 月に助教授として教養部助教授であった意味論研究を専門とする英語学の河上誓作（1940 〜）が着任した。元田教授は，米国短編小説研究を中心に精力的に研究教育をおこない，優れた業績を残したが，1977 年 1 月に死去した。また，シェイクスピア研究で活躍した蛯原助教授も 1981 年 1 月に教授に昇任したが，1982 年 8 月に死去した。さらに同年同月，外国人教師クラークも死去した。1982 年 4 月，河上教授は大阪大学文学部へ転出し，横浜市立大学助教授であった米文学の原口三郎（1945 〜 2007）が第一講座助教授に着任した。また，1985 年 4 月に第二講座助教授として教養部助教授であった英文学の園井英秀（1942 〜）が着任した。1986 年 8 月，日本英語学会の意味論，語用論研究を先導した大江教授が死去した。その後，1987 年 4 月，園井が第二講座教授に昇任し，翌 1988 年 4 月，教養部助教授であった英語学，特に生成文法理論研究を専門とする稲田俊明（1947 〜）が第二講座助教授に着任した。稲田は 1994（平成 6）年 5 月に応用言語学講座の教授へ配置換えとなり，しばらく英語学教員が不在となった。また，原口は 1991 年 4 月に第一講座教授に昇任したが，2004 年 12 月

に離職した。

　外国人教師としては，1980（昭和55）年9月，米国人D. スマイリーが着任した。また，クラークの後任として1983年3月に英国人J. リードが着任し，1983年スマイリー転出の後，10月に米国人S. ピューが着任した。1993（平成5）年3月に退職したリードの後任として，同年11月に英国人D. テイラーが着任した。1992年，ピュー転出後，4月に米国人D. ジョーンズが着任した。

　1970年代になると女子学生数が急増し，男子学生数を上回るようになった。この傾向はさらに強まり，1980年代後半からは学部1学年18〜20名中，男子学生は0〜3名という状況も続いた。また，大所帯の研究室は演習室を兼ねることが難しくなり，1983（昭和58）年4月に5階の演習室を確保した。学部卒業生の就職先は，教職，公務員，マスコミ等の傾向は変わらず，大学院への内部進学者数は男女とも漸増した。大学院生は毎年4〜6名が修了し，その就職先は国立大学を含め堅調であった。

　この時期から研究室内活動として国際交流の機運が高まり，日英協会やブリティッシュカウンシルとの連携による一般向け英文学講演会，専門的シンポジウム等も毎年1〜2回定期的に開催した。

　1996（平成8）年4月，第一講座に神戸大学講師であった英文学小説を専門とする鵜飼信光（1962〜）助教授が着任し，また，1999年4月，第二講座に熊本県立大学助教授であった英語学の西岡宣明（1961〜）助教授が着任した。2005年3月に英詩研究で優れた業績を残した園井教授が定年退職し，2005年10月にシェイクスピア研究で実績をもつ高知大学教授であった村井和彦（1954〜2011）が教授として着任した。また，2007年4月に岩手県立大学講師であった米文学の高野泰志（1973〜）准教授が着任し，2007年5月には統語論研究を専門とする西岡が教授に昇任し，教授2名，准教授（旧助教授）2名の体制に戻ったが，2011年10月に村井教授が死去した。

外国人教師は，ジョーンズ転出後，2005年10月に後任の米国人T.クロンツが着任した。また，テイラー転出後，2006年4月，米国人M.ヴォルピが着任し，2007年4月にクロンツの後任として，米国人D.ファーネルが着任した。以後2年任期で，米国人C.ベノム，T.サック，英国人S.レイカー，米国人M.ローエンシュタインと着任した。

　1990年代以降も学部2年生の進学者数は多く，大学院生も毎年平均4～6名が修士課程に入学し，2000年の大学院重点化以降も，堅調に専攻学生を確保している。他方，90年代から教職を志望する学生が以前と比して大幅に減り，90年代後半から学生の就職状況は厳しくなった。この頃より学部生，大学院生の外国留学の気運が高まり，以降2～3名の学生が毎年留学している。また，大学院修了者の大学教員としての就職も困難な状況となったが，博士課程進学者は増加した。学部学生は近年ほぼ平均して，教職志望者2～3名，大学院進学者2～3名，公務員，銀行等の一般企業への就職という状況である。また，大学院生は厳しい就職状況と向き合い，全国学会，国際学会での発表をおこない，学内外の競争的資金を確保する学生も増えている。相次ぐ教員の不幸を乗り越えてきた英語学・英文学研究室は，これまでの伝統を受け継ぎ，新たな発展を見据えてしっかりと歩み続けている。

(4) 独文学研究室

　独文学研究室は1925（大正14）年5月に設置され，初代教授として片山正雄が着任した。研究室の研究教育は，同年第2学期に片山が講じた「ゲーテのファウスト」および「シルレルと其の詩」をもって嚆矢とする。1926年には佐藤通次講師（1927年助教授，1943年辞任）とライントエス講師が着任し，陣容が整う。片山も佐藤もドイツ文学研究にて優れた業績を残したが，辞書編纂者としても名高い。片山は1927（昭和2）年に『雙解獨和大辞典』を，佐藤は1936年に『独和言林』を公刊した。

1932年に片山が辞任すると，後任として教授に迎えられたのは小牧健夫である。小牧はノヴァーリス，ゲーテ，ヘルダーリンを考察の中心に据えながら19世紀ドイツ文学に関する先駆的な研究活動を行い，併せて数多くの訳業を世に問い，1943年9月に定年退官した。なお，小牧は退官後に『岩波独和辞典』(1953)を佐藤らとともに編纂している。

　1944年5月には国松孝二が助教授として迎えられ，翌年，教授に昇進した。国松は1950年3月に東京大学に転任するまで，数多くの文献を翻訳しながら，主としてニーチェに関する講義を行う。なお，国松は転任後に編集代表者として『独和大辞典』(1985)を刊行した。同辞典は日本における最高峰の独和辞典としていまだ名高い。

　1950年7月には，高橋義孝が助教授として着任した。1954年に教授に昇進した高橋は『文学研究の諸問題』(1958)や『近代芸術観の成立』(1965)を上梓するほか，ゲーテ，トーマス・マン，フロイトを中心に数多くの翻訳を手がける。また高橋は1955年に『森鷗外』で読売文学賞を受賞，1964年に大相撲横綱審議委員会委員（1981年に委員長）に推挙され，さらに随筆家としても名を馳せる中，1970年3月に名古屋大学に転任した。

　その後は，1951年3月に講師として着任していた西田越郎が，1955年4月の助教授昇進を経て，1970年7月に教授となる。1974年7月から1976年6月までの文学部長在職期間を経て1985年3月に定年退官するまで，西田はヴァルター・フォン・デル・フォーゲルヴァイデを主たる考察対象としながら中世文学の研究業績を残した。

　1971年4月には，教養部助教授の伊藤利男が文学部助教授として着任する。1985年4月に教授に昇進した伊藤は，1994（平成6）年3月の定年退官までの間，近代ドイツ文学における敬虔主義（ピエティスムス）の影響関係を特に近代自伝小説という観点から究明し，研鑽の成果を『敬虔主義と自己証明の文学』(1994)としてまとめ，また退官後も『孤児たちの父フラン

ケ——愛の福祉と教育の原点』(2000) と『ツィンツェンドルフ——ヘルンフート同胞教団を創った夫妻の物語』(2006) を上梓した。

　1989 年 4 月に助教授として着任した池田紘一は，1994 年 9 月の教授昇進を経て，2004 年 3 月に定年退職するまで，ゲーテ，ビューヒナー，トーマス・マンを研究し，併せてユング『結合の神秘』訳注 (1995, 2000) や『即興詩人』校注（新日本古典文学大系明治編『森鷗外集』，2004) を世に問う。池田は学内で文学部長や総長補佐を，学外では日本独文学会西日本支部長や大学設置審議会専門委員や学術審議会研究評価委員を務め，退職後，長崎外国語大学学長として活躍中に，2007 年度の西日本文化賞を受賞した。

　続いて教授として独文学研究室に着任したのは，浅井健二郎である。ベンヤミン研究の第一人者である浅井は，長らく東京大学独文学にて重責を担った後，2004 年 10 月に九州大学独文学に転任した。2009 年 3 月に定年退職した浅井の在職期間は 4 年半と比較的短いものの，その間，ベンヤミン，ムージル，カフカを集中的に講じ，九州大学独文学に新たな学風を吹き込む。なお，浅井は九州大学教授として『ベンヤミン・コレクション 4　批評の瞬間』(2007) を編訳した。

　現在，研究室運営を担うのは小黒康正である。小黒は池田紘一の講筵に連なった一人で，ミュンヘン大学日本センター講師，九州大学人文科学研究院助手を経て，2000 年 5 月に助教授として着任，2010 年 4 月に 10 代目の教授として昇進した。九州大学独文学におけるトーマス・マン研究の伝統を受け継ぐ小黒は『黙示録を夢みるとき　トーマス・マンとアレゴリー』(2001) を刊行し，さらにロマン派やバッハマンをめぐる文学的トポス研究の成果として『水の女　トポスへの船路』(2012) を世に問うている。

　教育活動では，外国人教師の活躍も見逃せない。1982（昭和 57）年 4 月から 1999（平成 11）年 3 月までの 17 年間にわたり九州大学独文学に貢献したロスヴィータ・オオコウチの退職後は，新進気鋭の研究者が

次々に招聘された。氏名を挙げる際，括弧内に退職後の着任先も示すと，クルト・ミルナー（ポルトガル・マデイラ大学），オリファ・バイアライン（南山大学），エーファ・オトマー（福岡大学），アルネ・クラヴィッター（早稲田大学），エルマル・レーンハルト（オーストリア・ムージル研究所），バルバラ・クレーマ，ザシャ・モンホフとなる。

　独文学研究室は，以上の経緯の中で，全国でも有数の蔵書を誇り，3つの貴重なコレクションを有するにいたった。1948（昭和23）年3月に小牧の斡旋により寄贈された「雪山文庫」は，元京都大学講師である雪山俊夫の蔵書約680冊からなり，中世のドイツ文学語学関係の貴重資料を多数含む。2004（平成16）年2月には，池田の斡旋により「高橋文庫」が開設された。高橋の遺族から寄贈された同文庫は，主にゲーテやトーマス・マンならびにドイツ文芸学に関する約1300冊の研究文献からなる。2008年12月には，今後，貴重資料と目される旧東ドイツ文学の文献約500冊が「東ドイツ文学文庫」として配架された。寄贈者は元福岡教育大学教授の東憲二（九州大学独文学出身者），斡旋者は小黒である。

　独文学研究室は学会活動においても重責を担う。1987（昭和62）年4月に伊藤を初代の代表幹事として設立された「九州大学独文学会」は，春の研究発表会開催と秋の機関誌発行とを中心に研究活動を行っている。設立当初より，「九州大学」の独文学会ではなく，「九州の大学」の独文学会として活動してきた結果，同会には九州大学独文学出身者以外の方も多数入会し，会員数は現在100名を超す。機関誌『九州ドイツ文学』は，1982年から1986年までの間に刊行された同人誌『夢宇是』を前身としており，1987年9月の第1号刊行後，これまで26号までが刊行された。なお，同機関誌はドイツで刊行されている書誌情報誌Germanistikの書誌情報対象誌に選ばれており，国際的にも高い評価を得ている。

　独文学研究室は日本におけるトーマス・マン研究の活動拠点としても

名高い。その嚆矢は高橋を中心に『トーマス・マン全集』(1971～1977) が編纂され，相良憲一，野田倬，土屋明人，滝沢弘，池田，高田淑など，多くの九州大学独文学関係者が訳業に関わったことであろう。1987 年 7 月には，教養部教授だった樋口忠治（九州大学独文学出身者）が，ドイツで刊行された 13 巻のマン全集をデータベース化し，九州大学大型計算機センターを通じて「トーマス・マン・ファイル」として世界に公開した。1989（平成元）年に池田が独文学研究室に着任すると，そのもとに若手マン研究者が参集し，「トーマス・マン研究会」を立ち上げたことも，特筆に値しよう。九州大学独文学に事務局をおく同会は，2014 年新春に 100 回目の研究会を行う。

　独文学研究室は国際的な研究活動にも積極的である。1990 年夏開催の国際独文学会（IVG）東京大会直後には，A. シェーネ教授を招いて，福岡と九重で国際コロキウムを企画した。1998 年以降は，ドイツから著名な研究者や詩人を招いて講演会を毎年企画している。A. アスマン，V. ブラウン，H. ベーメ，W. ブラウンガルト，G. シュティッケルなど，この 16 年間に 23 名が招かれた。1999 年夏に日本初開催のアジア地区ゲルマニスト会議（AGT）が福岡で行われた際には，池田が大会委員長を務める。2003 年 8 月には，韓国ソウル大学校師範大学のゲルマニスト 7 名を招待してシンポジウムを開催し，日韓の西洋近代受容をめぐる問題を討議した。なお，交換留学制度やドイツ学術交流会やロータリー財団などを通じて，毎年，複数名の学生がドイツへと旅立っている。

　以上のような充実した研究教育環境を有する独文学研究室では，現在，学部学生 19 名，修士課程学生 3 名，博士後期課程学生 7 名，専門研究員 1 名，その他 3 名が学ぶ。1928（昭和 3）年に第 1 回卒業生を送り出して以来，旧制大学における卒業生数は 31 名，新制大学における卒業生は 249 名，修士課程修了者は 118 名に及ぶ。また，1991（平成 3）年以降に課程博士もしくは論文博士として学位を得た者は，石川栄作（徳島大学）を筆頭に，岩本真理子，野口達人，行重耕平，佐藤正樹（広

島大学），小黒，川原俊雄（広島大学），原研二（東北大学），大野寿子，重竹芳江，田野武夫，福元圭太（九州大学），嶋﨑啓，上村直己（熊本大学），堺雅志，竹岡健一（鹿児島大学），安徳万貴子，田口武史，以上の18名である。

院生たちの活躍も実にめざましい。1961（昭和36）年に「ドイツ語学文学振興会奨励賞」が設けられると，根本道也が初代受賞者となった。さらに1969年に相良（振興会賞），1997（平成9）年に行重，2001年に嶋﨑，2003年に大野，2012年に坂本彩希絵が受賞の栄に輝く。また2008年度「日本ゲーテ協会ゲーテ賞」を平松智久が，その他の賞を計8名が受賞した。1990年代半ばの教養部解体以降，日本の独文学会をとりまく状況は極めて厳しい。しかし，そうした逆境にもかかわらず，九州大学独文学は着実に躍進を遂げている。事実，この10年間に限っても，東北大学，愛知教育大学，長崎外国語大学，拓殖大学，松山大学，東京工業大学，福岡大学，佐賀大学などで，11名が次々に専任職を得た。本研究室に対する学界からの期待は，今なお大きい。

(5) 仏文学研究室

仏文学研究室の歴史は，1926（大正15）年5月13日，九州帝国大学法文学部における仏文学講座の開設とともに始まる。仏語・仏文学を対象とする官立の研究・教育機関としては，前年に設置された京都帝国大学文学部西洋文学第三講座に続く伝統を有する。主任教授に成瀬正一が就任し，助教授には須川彌作が着任した。同年10月，フランスよりジョルジュ・ボノーを4年の任期で招聘，ついで1928（昭和3）年に進藤誠一を講師に迎え，ここに名実ともに九州大学の研究・教育にふさわしい陣容が整う。

ところが1936年4月，成瀬が急逝，遺稿集『仏蘭西文学研究』（全2巻）の編纂に粉骨砕身していた須川もまた病に倒れ，2年後の1938年4月

14日, 成瀬と同じ45歳で長逝する（須川は同日付で教授昇任）。
　かくて講座開設後, 僅か10年有余で主任教授を相次いで亡くすという悲運に遭遇したが, 成瀬が芥川龍之介, 菊池寛等と第4次『新思潮』を創刊し, 須川は東京帝国大学在学中に夏目漱石の門下に入り, 後藤末雄, 辰野隆, 松岡譲等と交誼を結んだことを思えば, 仏文学研究室が被った痛手は, 学際的交流という観点においても甚大であった。しかしながら, 成瀬, 須川の時代考証を重んじる堅実な学風は, 後進の研究に確かに継承されており, 彼等によってまさしく仏文学研究室の礎は築かれたのである。
　須川の没後, 1938年7月に助教授に昇任した進藤が, 第2次大戦を挟む10年ものあいだ孤軍奮闘, 難局にあたった。この間, 進藤は1943年5月に教授昇進, また東京帝国大学から辰野隆, 鈴木信太郎の両教授, 京都帝国大学からは落合太郎, 桑原武夫, 生島遼一各教授の来講を得ている。
　かかる仏文学研究室の体制が旧に復するのは, 学制改革後, 新制九州大学に文学部が設置された1949年である。この年の11月, 法文学部卒業後, 助手, 講師を務めた永田英一が助教授に昇任, 指導陣は盤石の構えをとる。フランス演劇の研究で独自の地歩を固めた進藤は, 戯曲だけでなくサント＝ブーヴ等の近代批評も論究し, 永田はルソーを中心とした啓蒙思想, ロマン派文学等を専門に講じた。また同49年から5年間, 哲学科のフィリップ・デロリエ神父による代講が行われ, 以後は非常勤のヴァンドリーユ・ベルトラン神父, 続いてアルチュス・ジャロー神父が教壇に立つ。
　ようやく仏文学研究室の教育と研究は戦中, 戦後の動乱期を脱し, 軌道に乗った。戦前まで僅かに6名を数えるのみだった卒業者数は1953年を境に増加に転じ, 定員の15名を送り出した年もある。しかも同年の新制大学院設置後は進学者が絶えず, 教室内は一躍活況を呈した。この時期, 大学院生の研究環境も整い始める。1951年には仏文学研究室

を母体として九州フランス文学会が発足し，以後は毎年総会を開催し，研究発表の場を提供した。さらには1953年の日本フランス文学会総会の主催，翌年の専攻学生による『フランス文学手帖』の創刊（第5号まで発行）もまた，学生の向学心を鼓舞した出来事として記憶に留められよう。

　1961年3月，研究室の再建のみならず，初代教養部長，文学部長を歴任し，部局の運営にも辣腕を振るった進藤が定年を迎える。進藤には主著『フランス喜劇の研究』のほかに随想録1冊，マリヴォー『愛と偶然の戯れ』をはじめ邦訳書6冊がある。同年12月，積年の功績に鑑み，フランス政府より進藤にレジョン・ドヌール勲章が授与されている。

　1961年11月，永田はボノー以来久しく空席だった専任の外国人教師の招聘に成功，フランスからジャン・ペロルを迎えた。翌年5月，永田は教授に昇進し，6月には渡仏してルソー生誕250年祭に日本代表として京都大学の桑原武夫とともに出席する。この年，仏文学研究室は哲学，倫理学研究室と共同で『論集』を創刊，1963年にはペロルの留任と招聘外国人教師の配置継続が認められ，安定した研究・教育環境の実現に近づく。さらに文学部が移転した翌64年，大学院生が中心となって仏文研究会を発足させ，口頭発表会や読書会等の活動を積極的に展開し始めた。

　永田の教授昇進後，助教授不在の状況が4年間続いたが，1966年4月，大阪大学から田中栄一が着任し，仏文学研究室の運営に加わった。田中は専門のロマン主義文学以外にも，最新の文学研究の動向と方法論を意欲的に講じている。翌年，任期満了に伴いペロルが帰国，替わってミシェル・ヴィエが着任し，田中と共に研究室に新風を吹き込んだのであった。

　60〜70年代，学生数は学部，大学院を合わせて40人前後で推移し（1974年の定員削減後も同様），男女比率では女子が多数を占めるようになる。学部生の就職先も多様化し，教職・公務員以外に新聞社等のマスコミに進む者が目立つ。大学院では留学志望者が増え，フランス政府給

14日，成瀬と同じ 45 歳で長逝する（須川は同日付で教授昇任）。

　かくて講座開設後，僅か 10 年有余で主任教授を相次いで亡くすという悲運に遭遇したが，成瀬が芥川龍之介，菊池寛等と第 4 次『新思潮』を創刊し，須川は東京帝国大学在学中に夏目漱石の門下に入り，後藤末雄，辰野隆，松岡譲等と交誼を結んだことを思えば，仏文学研究室が被った痛手は，学際的交流という観点においても甚大であった。しかしながら，成瀬，須川の時代考証を重んじる堅実な学風は，後進の研究に確かに継承されており，彼等によってまさしく仏文学研究室の礎は築かれたのである。

　須川の没後，1938 年 7 月に助教授に昇任した進藤が，第 2 次大戦を挟む 10 年ものあいだ孤軍奮闘，難局にあたった。この間，進藤は 1943 年 5 月に教授昇進，また東京帝国大学から辰野隆，鈴木信太郎の両教授，京都帝国大学からは落合太郎，桑原武夫，生島遼一各教授の来講を得ている。

　かかる仏文学研究室の体制が旧に復するのは，学制改革後，新制九州大学に文学部が設置された 1949 年である。この年の 11 月，法文学部卒業後，助手，講師を務めた永田英一が助教授に昇任，指導陣は盤石の構えをとる。フランス演劇の研究で独自の地歩を固めた進藤は，戯曲だけでなくサント＝ブーヴ等の近代批評も論究し，永田はルソーを中心とした啓蒙思想，ロマン派文学等を専門に講じた。また同 49 年から 5 年間，哲学科のフィリップ・デロリエ神父による代講が行われ，以後は非常勤のヴァンドリーユ・ベルトラン神父，続いてアルチュス・ジャロー神父が教壇に立つ。

　ようやく仏文学研究室の教育と研究は戦中，戦後の動乱期を脱し，軌道に乗った。戦前まで僅かに 6 名を数えるのみだった卒業者数は 1953 年を境に増加に転じ，定員の 15 名を送り出した年もある。しかも同年の新制大学院設置後は進学者が絶えず，教室内は一躍活況を呈した。この時期，大学院生の研究環境も整い始める。1951 年には仏文学研究室

を母体として九州フランス文学会が発足，以後は毎年総会を開催し，研究発表の場を提供した。さらには1953年の日本フランス文学会総会の主催，翌年の専攻学生による『フランス文学手帖』の創刊（第5号まで発行）もまた，学生の向学心を鼓舞した出来事として記憶に留められよう。

1961年3月，研究室の再建のみならず，初代教養部長，文学部長を歴任し，部局の運営にも辣腕を振るった進藤が定年を迎える。進藤には主著『フランス喜劇の研究』のほかに随想録1冊，マリヴォー『愛と偶然の戯れ』をはじめ邦訳書6冊がある。同年12月，積年の功績に鑑み，フランス政府より進藤にレジョン・ドヌール勲章が授与されている。

1961年11月，永田はボノー以来久しく空席だった専任の外国人教師の招聘に成功，フランスからジャン・ペロルを迎えた。翌年5月，永田は教授に昇進し，6月には渡仏してルソー生誕250年祭に日本代表として京都大学の桑原武夫とともに出席する。この年，仏文学研究室は哲学，倫理学研究室と共同で『論集』を創刊，1963年にはペロルの留任と招聘外国人教師の配置継続が認められ，安定した研究・教育環境の実現に近づく。さらに文学部が移転した翌64年，大学院生が中心となって仏文研究会を発足させ，口頭発表会や読書会等の活動を積極的に展開し始めた。

永田の教授昇進後，助教授不在の状況が4年間続いたが，1966年4月，大阪大学から田中栄一が着任し，仏文学研究室の運営に加わった。田中は専門のロマン主義文学以外にも，最新の文学研究の動向と方法論を意欲的に講じている。翌年，任期満了に伴いペロルが帰国，替わってミシェル・ヴィエが着任し，田中と共に研究室に新風を吹き込んだのであった。

60～70年代，学生数は学部，大学院を合わせて40人前後で推移し（1974年の定員削減後も同様），男女比率では女子が多数を占めるようになる。学部生の就職先も多様化し，教職・公務員以外に新聞社等のマスコミに進む者が目立つ。大学院では留学志望者が増え，フランス政府給

費留学生試験に 5 名の合格者を出し，また国公立・私立大学の教員採用者を多数輩出している。

1976 年 3 月，永田が退官する。アンドレ・シェニエの研究で業績を残した永田は，大所帯となった仏文学研究室の学究的な態勢維持に心血を注ぎ，成瀬文庫を基盤とする所蔵文献の充実に心を砕いた。永田の退官までの間，外国人教師にも異動があり，ヴィエの後任にはマリー＝ジョゼ・バルボ（1970～73），クリスチャン・トナニ（1973～77）と続く。

1976 年 6 月，田中が教授に昇任し，翌年に教養部から西岡範明を助教授に迎える。バルザック研究を専門にする西岡は，古典主義文学から現代小説まで幅広く講じる傍ら，演習では綿密詳独な原典講読を行う。また同年 9 月には，トナニに替わりジャン＝クリスチャン・ブーヴィエが着任した。

田中・西岡時代における特色は，学生を主体とする研究・教育環境が一段と充実した点にある。読書会，毎夏の九重山での勉強合宿，卒論・修論構想発表会といった課外での活動に加え，1980 年には仏文研究会が九州大学フランス語フランス文学研究会として再出発し，月例会を催すほか，機関誌の発行を開始する。80 年代には，学部生が京都外国語大学主催のフランス語弁論大会で連続優勝を果たし，以後も 1 位を含む上位入賞者を出す。学部生の短期留学が増え，大学院生も九州大学の国際交流派遣学生やロータリー財団奨学生などで計 9 名が留学している。

1985 年 3 月，田中が定年を迎える。田中はバルベー・ドールヴィイ等に関する研究で業績をあげる一方で，仏語教育への貢献が認められて，1977 年にフランス政府よりパルム・アカデミック勲章シュヴァリエ賞を授与された。翌年にはパリ東洋語学校で 1 年間教鞭を執っている。

1985 年 7 月，教授に昇任した西岡は，4 年間単独で研究室の運営にあたった後，1989（平成元）年 10 月，北海道大学から吉井亮雄を助教授に迎える。吉井の専門は近・現代文学，とりわけアンドレ・ジッドの

研究である。フランス政府給費留学生としてパリ第4大学で博士号を取得した吉井は，講読演習では原典精読を徹底，研究面では文献実証主義を移植し，仏文学研究室の学問的な再構築を行う。翌年，九州大学フランス語フランス文学研究会は機関誌を『ステラ』と名称変更，厳格な査読を導入し誌面を刷新した（以後，同誌は現在まで毎年200頁前後で刊行，これまでに掲載論文2点が日本フランス語フランス文学会奨励賞を受賞）。

1991年3月，西岡が退官する。西岡にはバルザックを中心に多数の論文，翻訳書としてアルベール・ベガン『真視の人，バルザック』，そのほか邦訳2篇がある。西岡は1987年に日本フランス語フランス文学会の秋季大会主催校を引き受け，これを成功させている。

1993年4月，西岡の後任として山口大学より末松壽を教授に迎えた。末松は進藤，永田の門下生であり，パスカルを専門に研究，フランス政府給費留学生としてパリ大学で博士号を取得している。授業では17, 18世紀を中心に文学作品の精緻な読解を行い，現代批評の方法論についても講じている。

末松，吉井の新指導体制により大学院教育を中心に据えた学究的な教育方針が明確に打ち出され，大学院生の留学も博士論文の提出を目標に長期化・本格化する。その成果は顕著であり，90年代に限っても10名が渡仏（内4名がフランス政府給費留学生），3名がパリ第3大学等で博士号を取得している。かかる指導方針の転換は招聘外国人教師の採用にも反映された。1992年のブーヴィエ転出後，ほぼ3年の任期でセルジュ・フルリー，パスカル・メルシエ，ジャン゠フランソワ・アンス，ジャン゠リュック・アズラが着任，前2者は博士号取得者，他2名も大学院教育に相応しい経歴をもつ。

2003年3月，末松が定年を迎える。末松は主著『「パンセ」における声』のほか仏語・邦語研究書各1冊，アンドレ・マソン『寓意の図像学』等の翻訳書4冊，日本文学の仏語共訳書2冊，さらに17, 18世紀文学

を中心に多数の論考を世に問うた。

　現在は2003年4月に教授昇進した吉井が，従来の方針を堅持しつつ研究室の運営にあたっている。吉井には主著『アンドレ・ジッド「放蕩息子の帰宅」批評校訂版』（日本フランス語フランス文学会奨励賞受賞）をはじめ仏語著書4冊，翻訳書としてクロード・マルタン『アンドレ・ジッド』，そのほかジッド関連の数多くの論文がある。後任の助教授には翌年4月，九州産業大学から髙木信宏が着任，専門はスタンダール研究である。文学部で助手を務めた髙木は，2000年に日本フランス語フランス文学会奨励賞を受賞，翌々年には末松，吉井の指導の下，博士論文を九州大学大学院に提出している。招聘外国人教師は2004年の国立大学法人化に伴い任期が2年となり，アズラの後任者オリヴィエ・セカルダン以降，マリエル・アンセルモ，オリヴィエ・カシュレール，イゴール・ソコロゴルスキー，エルヴェ＝ピエール・ランベール，フランシーヌ・グージョンが着任した。

第4節　人間科学コース

(1)　言語学・応用言語学研究室

　言語学講座は1964（昭和39）年4月1日に設置された。2014（平成26）年4月1日に50周年を迎える。ここでは，九州大学における「言語学」という科目の開設から歴史を辿ってみる。

　1927（昭和2）年5月に，吉町義雄講師が就任した（吉町講師は同年3月京都帝国大学文学部卒業）。1928年3月の，法文学部文科第1回卒業生の必須単位科目として「言語学概論」を講じるためであった。吉町講師は1941年5月に助教授に昇任，言語学概論のほか，ロシヤ語初歩，九州方言概説，アラビア語初歩等を講じる。吉町助教授は1963年4月に

教授に昇任した（同年3月の教授会で，助教授の配置も決定している）。1963年11月9日〜10日には，日本言語学会第49回大会（実行委員長吉町義雄）が開催された。九州大学での初の開催であった。

　1963年6月18日付けで，言語学講座の設置に関する概算要求書が提出されている。「理由」には，法文学部創設当時から，毎年概算要求として設置を希求してきたが実現を見ていないこと，さらに，「言語学は基礎的，応用的に非常に広い分野を持つものであり，又常に他の人文系諸学問の基礎的な一部面を形成するものであることは論をまたない。対外交渉，文化流入上豊富な分野を持ち，かたわら九州方言という特色ある対象をもつ，九州という特殊な地域における言語学の具象的研究は学術の進展に大きな寄与が期待される」ことが記されている。講座設置が認められてからは，1964年に，「文学部新館移転により従来独文学室に寄生していた言語学も独立の演習室が出来，研究図書費（従来半講座額）も本年度は参拾四万円程割当てられた」という（文学部同窓会『会報』第8号）。

　講座設置の翌年，1965年3月に吉町教授は退官した。1年をおいて1966年4月に，松田伊作助教授が金沢大学より就任した。以後，意味論，ラテン語講読，アラビア語，古典ヘブライ語，ギリシャ語等を講じる。松田助教授の主たる研究領域は，旧約聖書の意味論的研究であったが，広く現代言語学一般に深い関心と理解を持っていた。松田助教授によって，言語学研究室の現在の研究の方向性が決まったとも言える。この年，言語学研究室が設けられた（3階）。1965年秋に進学して国語学に仮住居していた学生，独文学にあずけられていた図書カードが落ち着き先を得る。学生数は2名（3年生1名，2年生1名）。助手は塩塚廣子であった（以後は紙幅の関係で，助手に関する記述は省く）。

　その後2年間，松田助教授ひとりの時期があり，1968年4月に，村山七郎教授が順天堂大学より就任した。以後，アルタイ比較言語学，日本語系統論，トルコ語，ロシア語等を講じる。「日本語はツングース語

的に再組織されたマライ・ポリネシア語族の言語である」とする。また，レニングラード東洋学研究所所蔵のゴンザ資料（薩摩の漂流民ゴンザがロシアに残した言語資料）を発掘した。この年の学生数は7名（学部生のみ）。同時に大学院も設置された。教養部より林 哲郎教授が大学院担当教官として出講，学部と大学院の授業を担当した。林教授の専門は英語圏における言語学史であったが，講義では，構造主義言語学，生成文法をはじめ，ロンドン学派のプロソディ理論など，偏りなく様々な現代言語学のテーマが取り上げられた。

さきの1963年につづき，1970年11月7日〜8日には，日本言語学会第63回大会（実行委員長村山七郎）が開催された。村山教授は1972年3月に退官した。在任期間は4年であった。

1973年には9名が進学して来た。このころより，進学する学生が増える。

2年半，松田助教授（1973年より教授）ひとりの時期があり，1974年10月に，早田輝洋助教授がNHK放送文化研究所より就任した。以後，アクセント論，音声学，音韻論，満洲語等を講じる。早田助教授は，言語理論として生成文法（なかでも音韻論）を研究していたが，生成文法の研究者を教官としたのは，当時の国立大学では極めて異例な人事であった。

このころ，学生総数28名であった。1975年には，4階の旧語学演習室（LL教室）に引っ越した。重厚な鉄製の扉は，ハッチのような感じで，窓枠も重く，防音効果もあった。1976年には実験講座となった。このころ，早田助教授の「音声学」は，隔年開講であるにも拘らず必修であった。音声学の単位だけが足りず留年する学生もいた。

1980年に，教官や院生が論文を発表する場として，『九大言語学研究室報告』が創刊された。後に『九州大学言語学論集』と改称し，査読制も導入した。現在33号まで刊行されている。

1981年からは，西南学院大学の富盛伸夫助教授が，非常勤講師とし

第2章　研究室史　117

て，ロマンス言語学，ソシュールの言語論等を講じた。この講義は数年続いた。

1985年3月には，林教授が退官し，代わって4月から，稲田俊明助教授が教養部から出講し，生成文法の統語論を講じた。このころ，教官と学生で総勢40名を越え，かなりの大所帯になってきた。

1989（平成元）年3月に，松田教授が退官した。15年に亘る「松田・早田時代」は，言語学講座50年の歴史の中で，最も安定した時期であった。このころ，学部生の数は毎年着実に増えていったが，大学院生は，毎年1名入学する程度であった。陣内正敬助教授が教養部から出講し，方言学を講じた。また，田村宏助教授が留学生センターから出講し，朝鮮語学を講じた。

1991年4月に，田窪行則助教授が神戸大学より就任した。以後，日本語統語論，意味論，語用論等を講じる。また，大学院生の大幅な増加に貢献することになる。大学院生の合計が20名を超えた年も珍しくはなかった。

1992年4月に，応用言語学講座が設置され，従来の言語学講座と合わせて，2講座体制となった。同年10月に，応用言語学講座に坂本勉助教授が神戸松蔭女子学院大学より就任した。以後，心理言語学，言語理解研究，ソシュールの言語理論等を講じる。

1994年3月には，早田教授が大東文化大学に転出した。1974（昭和49）年から20年近くにわたり，音韻論研究，東アジア諸語研究の伝統を築いた功績は大きい。4月に，菅豊彦教授が教養部改組に伴い就任した。以後，意味論，語用論等を講じる。5月に，稲田俊明教授が，英語学・英文学講座より，応用言語学講座に就任した。以後，英語統語論等を講じる。このころ，教官と学生の総勢60名であった。

1998（平成10）年4月に，久保智之助教授が福岡教育大学より就任した。以後，音声学，音韻論，記述言語学，満洲語，シベ語等を講じる。教官5名（菅，稲田，田窪，坂本，久保）体制となった。このころより，

退官・退職教授を「囲む会」が年1回行なわれるようになる。

2000年4月には，大学院重点化に伴い，言語学と応用言語学の2講座が統合されて言語学講座になった。また，学部の専門分野として「言語学・応用言語学」が生まれる。これは人間科学コースのひとつである。同月，早田元教授が，日本言語学会会長となった（2003年3月まで）。同年10月，田窪教授が京都大学に転出した。10年近くの田窪教授の在任期間中に，現在の言語学研究室の研究・教育体制がほぼ完成されたと言ってよい。

2001年11月17日〜18日には，日本言語学会第123回大会（実行委員長坂本勉）が盛大に開催された。1970（昭和45）年以来，31年ぶりの九州大学での開催であった。

2002（平成14）年4月には，上山あゆみ助教授が，京都外国語大学より就任した。以後，日本語統語論，統語意味論を講じる。このころ，スタディー・アドバイザー（SA）制度を作る。院生が曜日を決めて，学部生の質問に答えるというもの。学生数が増え，講義や演習が，学部と大学院で別々に，しかも講義棟で行なわれるようになって，学部生と院生の接触が減ったことの弊害をなくすためであった。またこの頃より，京都大学言語学研究室との大学院生交流が始まり，年に1回，相互に大学院生を派遣して，研究発表を行なわせるようになった。

2003年4月，人文科学研究院附属・言語運用総合研究センターが設置された。初代センター長は坂本教授であった。以後，同センターの運営に，言語学講座の教員が深く関わって行くことになる。同センターは現在，人文科学研究院の社会貢献の柱のひとつとなっている。主として，言語聴覚士，国語教員，日本語教員を対象とし，研究成果を社会に還元すべく，セミナーなどを行なっている。参加者は，数十名から200名以上に及ぶ時もある。

このころより，課程博士の授与が頻繁になった。また，教員と学生の総勢が80名近くになった。

第2章　研究室史　119

2005年3月に，菅教授が退官した。以後，教員の定員5名は有名無実となり，4名体制が続くことになる。

　2008年4月から2010年3月まで，稲田教授が文学部長・人文科学府長・人文科学研究院長の重責を務めた。2012年3月に稲田教授が退職した。同年4月，下地理則准教授が群馬県立女子大学より就任した。以後，類型論，琉球語等を講じる。同年11月24日～25日には，日本言語学会第145回大会（実行委員長久保智之）が盛大に開催された。

　最後になったが，ここ十数年の傾向として，卒業論文・修士論文・博士論文のテーマは，九州方言，琉球方言も含め，広く日本語を対象としたものが多い。また就職は，一般企業もさることながら，公務員や教員が多い。大学院修了者は，40名弱が国内・国外の大学等の教員となっている。

（2）　地理学研究室

　地理学研究室は1978（昭和53）年4月に設置された，文学部のなかで新しい講座である。初代教授は社会学の内藤莞爾教授が兼任し，助教授に野澤秀樹（1984年4月に教授昇任）が就任した。それまで文学部における地理学関係の講義は，教職免許状取得を希望する学生向けに隔年で開講されており，三上正利（九州大学名誉教授）や米倉二郎（広島大学名誉教授）などが非常勤講師として招聘されていた。1972年6月に野澤が東京都立大学から講座外助教授として着任以後，地理学の教育・研究が文学部で本格化し，関係者の尽力によって講座化への努力が続けられた結果，6年後にそれが実現したことになる。ただし，教員構成は教授1名，助手1名という不完全な状態が長年続いた。

　野澤は，フランスを中心とした地理思想史研究と都市－農村関係の社会経済地理学を専門とし，特に地理思想史研究では国際地理学連合の地理思想史委員会の委員を務めるなど，国内外の研究者をけん引する役割

を果たした。その主な成果は,『ヴィダル・ドゥ・ラ・ブラーシュ研究』(1988) や『フランス地理学の群像』(1996) にまとめられているほか,野澤が編集し地理学研究室名で出版された科学研究費補助金による3冊の欧文報告書 (*Japanese Contributions to the History of Geographical Thought*) は,国内外の研究者から高い評価を得ている。なお,野澤は文学部長と副学長を歴任し,文学部のみならず九州大学全体の発展にも大きく貢献した。

　教養部改組に伴って 1994 (平成6) 年4月に小野菊雄教授が文学部に配置換えとなり,教授1名の状態はようやく解消されることになった。小野は,教養部時代から文化地理学を専門とする小林茂助教授 (現大阪大学) とともに,文学部の講義,演習,講読を毎年担当し,本研究室の教育を創設期から支えてきた。小野は日本の地理学では数少ないロシア・旧ソ連邦地域の専門家であると同時に,近世日本をはじめとした地理学史研究にも造詣が深かった。野澤と小野によって築かれた地理 (学) 思想史・方法論研究への関心は,その後も引き継がれ,研究と教育の両面で地理学研究室のひとつの特徴となっている。

　1996年10月に東北大学より遠城明雄助教授 (2009年1月に教授昇任) が着任することで,教員は3名体制となった。遠城は近・現代都市の社会地理学研究と都市論を主な専門とし,北部九州を中心に調査研究を行っている。1999年4月,前年3月に退官した小野の後任として高木彰彦教授が茨城大学から着任した。高木は政治地理学の専門家として国際的に活躍し,選挙制度と行政組織の再編成,地政学の思想史的研究,国境地域の諸問題など幅広い分野で多くの業績をあげて,現在に至っている。また文学部長として改革に揺れる文学部の組織運営にも尽力した。2004年3月には長年にわたり研究室を運営してきた野澤が退官し,翌年4月にその後任として梶田真助教授が大分大学から着任した。梶田は,行政地理学や土木業の地理学的研究など新たな研究分野を開拓していた新進気鋭の研究者で,学生からも慕われたが,2007年4月に東京

大学へ転任した（2008 年まで九州大学を兼任）。

　教員数の少ない時期が長かったこともあり，地理学研究室の運営および研究・教育の充実に非常勤講師と歴代助手が果たした役割は大きかった．全国から第一線の研究者が招聘され，特に自然地理学分野では木庭元晴，赤木祥彦，磯望，黒木貴一など近隣諸大学の教員の協力を得て，講義と実習が開講され，平板測量や空中写真判読，GIS などの調査手法の習得が図られてきた．

　歴代助手は，岡橋秀典（現広島大学），熊谷圭知（現お茶の水女子大学），水内俊雄（現大阪市立大学），水野勲（現お茶の水女子大学），遠城明雄，大城直樹（現神戸大学），阿部康久（比較社会文化研究院）で，講読や実習などの授業を補佐して研究室運営の一翼を担うと同時に，兄貴分的存在として学生と日常的に接し，研究室の円滑な人間関係の形成に大いに力を発揮した．

　1990 年代に始まった「大学改革」のなかで，地理学研究室は 1994 年 4 月に学士課程では史学科を離れて，社会学，心理学，言語学，比較宗教学とともに新たに設置された人間科学科に属することになった．この時期に複数の大学で類似の改組が実施されており，新たな学科編成は現代地理学の研究・教育の動向を反映した側面もあったといえる．また，設置当初は進学生も少なく男子学生が多かったが，1990 年代後半から進学生と女子学生が増加した背景のひとつには，改組の影響があったと思われる．一方，大学院は引き続き文学研究科史学専攻に所属していたが，2000 年の改組により人文科学府歴史空間論専攻に属することになり，また教員は人文科学研究院歴史学部門に所属することになった．このように現在では，人間科学と歴史学という 2 つの研究領域にまたがる形で，教育と研究が進められている．

　教育面での特徴としては，文献の読解能力の向上とフィールド調査法の習得が重視され，講読（独・仏語）と実習・巡検の授業が開講されている点が挙げられる．実習では，学部 3 年生を中心に九州・中国・四国

地方の離島，山村，都市を対象にして夏期集中で地域調査を実施してきた。その成果はこれまで14冊の『地域調査報告書』として刊行されており，この実習が学生時代の一番の思い出と語る学生も多い。また日帰り巡検は，福岡市周辺の地域を1日かけて徒歩で見学するもので，当初は年2, 3回であったが，現在では年5回行われている。学生生活の集大成となる卒業・修士論文では，学生の自主性を最大限尊重することが，長年にわたり教育の方針となってきた。

1980年10月に第1回卒業生が進学して以降，184名（「21世紀プログラム」学生を含む）が学士課程を卒業した。卒業生の主な進路は，大学院進学のほか，教員と公務員，マスコミ，金融機関，一般企業などである。一方，修士課程入学者は少数であったが2000年代に入って増加傾向にあり，修了後は中学校や高等学校の教員になる者が多い。博士号取得者は残念ながら少数にとどまっているが，第一線の研究者として活躍中である。毎年2月に開催される卒論・修論発表会は研究室の一大行事で，多くの卒業生が参加して在校生との交流の機会となっている。近年，各課程とも留学生が増える一方，在学中に留学を希望する学生もおり，教育の国際化が着実に進みつつある。

研究面の国際交流では，これまでC. ムスカラ，A. ベルク，P. パンシュメル，D. レイ，G. ニコラ，W. シェンク，J. オロッコリン，G. トール，劉雲剛をはじめとした世界各国の一流研究者による講演会・研究会が開催されており，今後はこうした交流をさらに活発化させる予定である。設備面ではまだまだ不十分な点が多いが，フランス語圏の学位論文と雑誌，および地理思想史・方法論関係の蔵書は，「西村文庫」（1994年12月に逝去した西村孝彦元福岡教育大学助教授が収集したフランスの学位論文を核とした寄贈図書）と合わせて，国内でも有数のコレクションといえるだろう。

（3） 心理学研究室

　心理学研究室は，1925（大正14）年に新設され，佐久間鼎が初代教授に，1926年に矢田部達郎が助教授に就任し，同年より講義ならびに演習が開始された。帝国大学における心理学研究室の設置は，東京大学，京都大学，東北大学に次いで4番目であった。

　佐久間教授は，「日本音声学」など日本語の研究を行っていた。また『黙照体験の意義』（1937）に見られるような禅の心理学的研究も行っていた。

　矢田部助教授は，意思や思考に関する理論史や研究史に関心を持ち，『意思心理学史』（1942）をまとめ，この業績によって文学博士が授与され，西日本文化賞を受賞している。

　1927（昭和2）年4月には，法文本館とは独立した2階建ての「心理学教室」が新築された。総床面積660平方メートルで，佐久間教授が就任に先立って留学していたベルリン大学心理学研究室の機能を取り入れて設計されたものである。

　1934年に秋重義治が講師に就任した。秋重講師の研究テーマは知覚恒常性であり，1939年に法文学部出身者として初の文学博士の学位が授与された。

　1938年には佐久間教授を会長として九州心理学会が創設され，第1回大会が開催された。また，1941年4月には佐久間教授を大会準備委員長として日本心理学会第8回大会が開催された。

　戦禍の中，1944年7月に矢田部助教授が京都大学へ転任した。また同年，秋重講師が助教授に昇任した。1945年4月には，図書ならびに機器類を空襲から守るために研究室は八女郡に疎開し，そこで終戦を迎えた。

　戦後，1949年3月に佐久間教授が定年により退官した。佐久間教授は，在職25年と長きにわたり研究室の運営に携わり，在職中には，図

書館長，評議員，文学部長を歴任した。

　1949年に新たに文学部が設置され，1950年には秋重助教授が教授に昇任し，また，1952年には石井克己が講師に就任した。石井講師は，知覚恒常性の因子分析に関する研究を行っていた。

　1953年には大学院文学研究科が設置され，文学部から秋重教授，教養部から藤澤 茆(しげる)教授，安宅孝治教授，教育学部から牛島義友(よしとも)教授，理学部から桑原萬壽太郎教授を迎え心理学専攻が設けられた。また同年より心理学研究室は実験講座となり，1954年に船津孝行が講師に就任し，1957年に石井講師が助教授に昇任した。

　研究室創設30周年にあたる1957年に秋重教授を大会準備委員長として日本心理学会第21回大会が開催された。また，1959年には研究室創設30周年記念行事としてギルフォードの『精神測定法』(1959)が翻訳出版された。

　1960年における学生数は，博士課程6名，修士課程5名，学部48名，研究生2名，総計61名であった。春と秋にはピクニック行事が行われ，九州大学九重研修所(山の家)で夏期ゼミが開催された。研究室創設以来の縦談会は300回を迎えた。

　1961年には，ブルックリン大学イッテルソン教授がフルブライト交換教授として研究室を訪れ，トランスアクション心理学の講義が行われた。また，1965年には秋重教授を大会委員長として九州心理学会第3回中四国・九州連合大会が，1967年には日本応用心理学会第34回大会が開催された。

　1968年3月に秋重教授が定年により退官した。秋重教授は，在職中，日本学術会議会員や九州心理学会会長を歴任していた。

　秋重教授退官後，1968年4月に石井助教授が教授に昇任した。1969年の学生数は，院生8名，学部生35名，総計43名であった。

　1969年3月に石井教授が退官し，船津講師が助教授に昇任した。1972年には研究室が箱崎キャンパス文系地区の教育心理棟1階に移

転した。

　1973年4月に船津助教授が教授に昇任した。この年，ヨーク大学の大野僴教授が客員教授として1年間滞在した。1975年には船津教授を大会委員長として九州心理学会第4回中四国・九州連合大会が開催された。1975年における授業として「現象学的心理学」，「社会心理学」，「発達心理学」，「色彩知覚」，「コンピュータープログラミング」，「情報工学」，「神経生理学」が開講された。

　1978年4月に熊本大学から松永勝也が助教授として転任してきた。松永助教授は瞳孔反応に関する心理学的研究を行っており，1976年に同研究で文学博士の学位が授与されている。同年には日本心理学会第42回大会が文系キャンパスで開催され，また，九州心理学談話会が毎月開催されるようになった。1978年の学生数は院生8名，学部生31名，研究生1名の総計40名であった。授業として「現代心理学の現状」，「心理学史」，「交通心理学の諸問題」，「生理心理学」，「音響心理学」，「知覚心理学」が開講された。

　1982年に心理学研究室は教育心理棟1階から噴水に面した法文経教育学部本館3階に移転した。この1982年の研究室の主なテーマは交通心理学で，同年7月には船津教授を大会会長として交通科学協議会全国大会が開催されている。この年あたりから研究室行事としてハイキング，七夕コンパ，夏季合宿，クリスマスコンパが行われていた。

　1988年3月に船津教授が定年により退官した。船津教授は，応用心理学を中心に研究活動を進め，特に交通心理学に関わるシステム論に貢献した。また，在職中に学部長も務めていた。

　1991（平成3）年4月に松永助教授が教授に昇任した。1991年の研究室では雲仙普賢岳関連の調査研究も行っていた。1991年の学生数は博士課程5名，修士課程1名，学部生33名，総計39名であった。授業として「心理言語学」，「統計学序論」，「消費者行動論」，「マスコミュニケーション心理学」，「認知心理学」，「産業・交通心理学」が開講された。

1993 年 4 月には行場次朗が信州大学から助教授として転任してきた。行場教授は，視知覚の探索機能，パターン認知，錯視の計算理論をテーマとした知覚心理学を専門としていた。翌年の 1994 年には教養部廃止に伴い，文学部に人間科学科が新設され，大村敏輔と箱田裕司が教養部から認知心理学研究室の教官として配置換となった。大村教授は，知覚心理学，理論心理学を専門とし，知覚における恒常性と錯覚との機能的関連，ヘルムホルツの知覚哲学などについて研究を行っていた。翻訳書として『メッツガーの心理学原論』が有名である。箱田教授は，認知心理学を専門とし，目撃証言関係や画像内の特徴の追加削除，情動知能に関する研究を行っている。

　1996 年 3 月には，定年により大村教授が退官した。同年 5 月には松永教授が大学院重点化によって設置されたシステム情報科学研究科に配置換となった。同年 8 月に若手知覚研究会を主催し，全国の知覚研究者と交流を行った。

　1997 年 5 月に中村知靖が放送教育開発センターから助教授として転任してきた。中村助教授は計量心理学を専門とし，潜在変数モデルを用いた心理測定に関する研究を行っている。この年より "KUSCO" という認知に関する研究会がスタートした。1998 年 3 月には行場次朗助教授が東北大学へ転任した。

　1998 年 4 月に心理学研究室・認知心理学研究室の教官は，教育学部教育心理学系の教官とともに新しく設置された大学院人間環境学研究科行動システム専攻心理学講座に配置換となった。この新しい研究科の設置に伴い，福岡教育大学から中溝幸夫が，神戸芸術工科大学から三浦佳世が転任してきた。中溝教授は，視覚心理学が専門で，視覚システムにおける空間情報の処理に関する研究を行っている。また，三浦教授は感性心理学が専門で，絵画や写真における時間印象・時間表現に関する研究を行っている。文学部の心理学に関しては，中溝教授，箱田教授，三浦教授，中村助教授，宮崎信也技官で研究室を運営することとなった。

この1998年の学生数は博士課程7名，修士課程9名，研究生1名，学部生66名，総計83名であった。授業として「知覚心理学」，「認知心理学」，「感性心理学」，「心理統計学」，「既有知識と情報のかかわり」，「脳の発達と行動」，「音と人間のかかわり」，「色覚のメカニズム」が開講された。また，中溝教授が中心となり，研究分野の枠を越えたオープンゼミが開催されるようになった。2000年11月には中溝教授を大会会長として九州心理学会第61回大会が開催された。

　2001年には研究室において実験室1室を全焼する火事を起こした。階下のイスラム文明史学ならびに考古学研究室に対して多大な物的被害を与えた。関係者にお詫びするとともに，文学部教官ならびに事務官の方々の献身的な対応に感謝の意を表したい。

　2005年から三浦教授が中心となり，感性学研究部会が開催されるようになった。また，2006年2月には三浦教授を大会委員長としてFirst International Workshop on Kanseiが開催された。

　2006年3月に中溝教授が定年により退職した。最終講義では，ヨーク大学の大野教授をはじめ多くの研究者ならびに卒業生が参加した。同年11月には箱田教授を大会準備委員長として日本心理学会第70回大会が福岡国際会議場において開催された。

　2007年4月に光藤宏行が講師として就任した。光藤講師の専門は視覚心理学で，人間の両眼視，運動視に関する研究を行っている。同年，10月にはシンシナティ大学のマシュース教授の情動知能に関する講演があった。

　九州大学百周年を迎えた2011年は箱田教授，三浦教授，中村准教授，光藤講師，黒木大一朗技術職員の体制で研究室が運営され，研究員6名，事務補佐員2名，博士課程9名，修士課程8名，研究生2名，学部生49名が在籍している。同年7月には九重研修所で研究室合宿が行われた。授業として「知覚心理学」，「認知心理学」，「感性心理学」，「心理統計学」，「知覚研究とその応用」，「高齢期の認知能力の発達」，「性格心理

学」,「神経心理学」が開講された。

(4) 比較宗教学研究室

1926（大正15）年，九州帝国大学法文学部に「宗教学講座」が設立された際，初代講座担当者は佐野勝也であった。佐野は東京帝国大学を卒業後,『カントの宗教論』(1916),『宗教学概論』(1925) を出版し，前年に助教授として九州大学に赴任した。任期中にも『永遠への思慕』(1936), 文学博士の学位論文『使徒パウロの神秘主義』(1938) を著し，パウロの原文批評を中核としながら広く宗教哲学的宗教学の著作も公にしていった。

講座では佐野の専門もあってキリスト教研究が多く行われていたが，日本宗教史の原田敏明，旧約学の石橋智信，恩師の姉崎正治などの講師も委嘱された。こうした教育体制で新約聖書学研究では，福富啓泰，村上和男，小林信雄，宗教史では民秋重太郎，教会史では山永武雄，宗教哲学では石井次郎，河野博範，宗教民族学では阿部重夫，キリシタン研究では田北耕也，天台思想史では安藤俊雄と多くの研究者を輩出した。

1946（昭和21）年，佐野は癌に倒れたが，仕事は師弟で引継がれ『キリストへの道』(1948) やシュライエルマッヘルの翻訳も公にされた。

こうして2年の空白を経て，1948年天理大学学長から着任したのが古野清人であった。古野も東京帝国大学を卒業後，ドラクロア，デュルケム，トレス，デルマンゲムの翻訳,『現代神道概説』(1931),『宗教社会学』(1938),『大東亜の宗教文化』(1943),『高砂族の祭儀生活』(1945) などを公にしていたが，教授就任後も『宗教心理学説』(1948),『原始文化の探求』(1948),『宗教社会学説』(1949) などを著し，海外研究を紹介しつつ現地調査を公にしていった。

古野は講座の研究を，文献研究に基づく宗教哲学から，宗教心理学・宗教社会学的実証主義へと大きく舵を切る一方，宗教哲学の石津照璽や

古代ユダヤ史の大畠清に講師委嘱した。また1952年からは社会学と宗教社会学とで人文科学系の大学院，社会学コースを構成するのに力を尽くした。

1955年からは野村暢清が助教授として着任。野村も東京帝国大学を卒業後，宗教者の人格と社会との機能関係の理論構成に強い関心を寄せていた。翌年から古野が北九州大学学長に転じ，4年後には九州を離れるが，1976年まで委託講師として引き続き学生の指導に当たり，古野が宗教社会学，野村が宗教心理学を指導するもとで，プロテスタント研究の坂井信生や民間信仰研究の伊藤芳枝を輩出した。

野村のころ，時代は高度経済成長期に入り，講座のあり方も研究・学会・媒体にわたって変化がもたらされた。まず研究に関しては，科学研究費を獲得して調査団を組織するようになり，1956年「宗教学説史の総合研究」で全国七大学での研究を担った。また学会では国内外の交流を盛んにし，1959年には世界宗教学会議の日本開催のおりにエリアーデ，キャンベル，キタガワらが九大で研究発表を行っており，1961年には日本宗教学会学術大会の開催地となった。1963年にはスタンフォード大学のジャローが来福し文化人類学を教育，翌年は野村がオックスフォード大学へ留学。1966年にはシカゴ大学のブラヴァーが来福講演を行った。翌年には「西北九州におけるキリシタン・カトリックの総合的研究」で12名の研究調査団を組織し，長崎県西彼杵郡外海町に研究センターを設置，さらに研究媒体として『宗教学論集』を刊行し始めた。

1969年，野村は教授に昇任し，研究室が事務局となる西日本宗教学会学術大会を開催し，1971年から『西日本宗教学雑誌』を刊行。1974年には総合研究「憑物現象の研究」で科学研究費を得て学部生4名と山陰地方の調査も行った。こうして学期中には文献から理論と方法を吸収し，長期休暇に入ると国内外の調査研究に向い，その成果を研究室中心の媒体で発表してゆくという循環が始まった。

講師には日本宗教史の中野幡能(はたよし)や堀一郎，宗教理論の柳川啓一，比較

宗教史の窪徳忠，イスラム研究の加賀谷寛，宗教体験論の脇本平也などに委託。こうした教育体制で，宗教社会学の古賀和則，江嶋修作，宗教人類学の福留範昭や中別府温和(はるかず)，日蓮研究の笠井正弘や大久保雅行らの研究者を輩出した。

　1976 年からは坂井信生が助教授に就任。坂井は九州大学出身で，古野清人の薫陶を受け，ウェーバー派の宗教社会学を考究しながら，『アーミッシュの文化と社会』(1973)，『アーミッシュ研究』(1977) を著した。こうして野村教授・坂井助教授体制のもと，オックスフォード大学のウィルソンが来福講演，1979 年にもコンスタンツ大学のリュックマンが来福講演し，同年「南部メキシコにおけるカトリック系の文化調査」の科学研究費を獲得し，数年にわたって九州と東京の大学から 7〜8 名の研究調査団が組織された。こうした成果が野村の『かくれ切支丹』(1980)，『南部メキシコカトリック系文化の研究』Ⅰ (1981)，Ⅱ (1983)，Ⅲ (1985) および『生きがいの探求』(1984) といった共・編著に結実。1985 年，野村は坂井への博士号授与を以て教授昇任を進め，本学を退官した。

　1985 年から，坂井はメキシコのメノニータス，長崎県五島地域や福岡市内外のカトリックの宗教社会学的調査を進め，公開講座「聖なる共同体」も行う一方，この頃より毎年進学者が 10 名に達し大所帯となる。

　講師としては宮座研究の伊藤芳枝，日蓮研究の笠井正弘，メキシコ研究の安元正也，比較宗教思想の田丸徳善，宗教社会学の井門富二夫，宗教人類学の佐々木宏幹，修験道研究の宮家準らを委嘱。うち伊藤，笠井，安元は講座出身で，ここからイスラム研究の田中哲也，沖縄祖先祭祀研究の安達義弘，鎮魂研究の渡辺勝義，台湾先住民宗教研究の原英子などの研究者を輩出したことは，これまでの教育で再生産が可能になったことを意味していた。

　時代がバブル経済期と第 2 次ベビーブーマーの入学期に入った 1988 年，竹沢尚一郎が助教授として着任。竹沢は東京大学卒業後，フランス

社会科学高等研究院より『象徴と権力』(1985) で博士号を取得，就任中もオジェやグリオールの翻訳に加え『宗教という技法』(1992)，『社会学のエッセンス』(1996)，『共生の技法』(1997)，『アジアの社会と近代化』(1998) などを著し，権力と交換論を主題に宗教人類学的研究を進めた。人類学の導入は，野村のころに始まり竹沢から本格化したと言えよう。

また坂井教授・竹沢助教授体制のもとで竹沢が持ち込んだのがソフトボールやサッカーといったスポーツであった。これによって，個人技のように営まれていた研究が，研究室単位の集団競技のように営まれるようになった。特定研究『九州の新宗教運動の比較研究』(1991) や 1992 (平成 4) 年に西日本宗教学会および九州人類学会合同シンポジウム開催，坂井や竹沢を代表とする科学研究費『西日本の新宗教運動の比較研究』1 (1994)，2 (1995) や 1994 年から始まる九州の祭りや社会運動研究で，学部生や大学院生たちの運営が支障なく進んだ理由の一端はここにあろう。

委嘱講師としてはこうした研究室全体の主題の変遷に伴い，宗教学の土屋博，島薗進，山折哲雄，金井新二，荒木美智雄，井上順孝(のぶたか)，西山茂，華園聰麿(はなぞのとしまろ)，薗田稔ら宗教学に重点を置いた諸講師を招いていた。

1994 年には文学部に人間科学科が発足し，講座も「比較宗教学講座」へと名称を変更する。また「祭りの比較宗教学的研究」(1998～99) で科学研究費を獲得し，複数のコンピューターを導入して研究設備を変えた。ヴェトナム研究の萩原修子，マレーシア研究の清家久美，都市祭礼研究の宇野功一，中国研究の長谷千代子，オーストラリア研究の飯嶋秀治などの研究者を輩出。1998 年，坂井は定年退官し，竹沢は教授に昇任した。

同年，關一敏が筑波大学から助教授に着任。關も東京大学宗教学を卒業後，フランスに留学してフランス宗教社会学を再検討し，『人類学的歴史とは何か』(1986)，『聖母の出現』(1993)，『民俗のことば』(1998) などを著し，就任後も『新しい民俗学へ』(2002)，『宗教人類学入門』

(2004),『岩波講座宗教』(2003〜04) 全 10 巻を編集，福岡市史民俗篇の『福の民』(2010) や『春夏秋冬・起居往来』(2012) を公にし，宗教学・民俗学・人類学の間を往還しつつ，宗教と生活世界との接点を探求し続けている。

竹沢教授・關助教授体制のもと，1999 年，「宗教と社会」学会を開催し，委嘱講師には武井秀夫，松田素二，関根康正，永渕康之，山本真鳥，福井勝義など人類学に重きがおかれた。

2001 年竹沢が国立民族学博物館に移り，翌年關は教授昇任。九州人類学会会長となり 2003 年合宿形式のオータムセミナーを創設，西日本宗教学会では公開シンポジウムを開催。教育では土産とパワーポイント発表を奨励し，学内外のネットワークで研究教育を推進する体制をとった。

これは嘱託する講師にも現れて人類学の田辺繁治，白川琢磨，関本照夫，池田光穂，小松和彦，清水 展，民俗学の重信幸彦，菊池曉，宗教学の池上良正，社会学の稲月正，ジェンダー研究の河口和也など多様な研究者を招聘し，戦争死者研究の西村明，代替医療研究の山口勇人，チリ貧困層研究の内藤順子らは学部教育にも入りながら研究者となった。

2007 年からは九州大学大学院出身の飯嶋秀治が准教授に着任。2005 年に九州大学より人間環境学博士を取得し，『社会学のアリーナ』(2006)，『アクション別フィールドワーク入門』(2008)，『支援のフィールドワーク』(2011) を著して人間と環境の危機に生じる宗教現象を研究し，隔年で研究室単位での共同実習を組織した。

關教授・飯嶋准教授のもとでは，委託講師も社会学の栗原彬，鳥越晧之，宮内泰介，有薗真代，原田利恵，人類学の星野晋，鈴木慎一郎，宗教学の佐藤研，佐藤壮広などが招かれ，深い現地関与に備えた体制になった。

(5) 社会学・地域福祉社会学研究室

　社会学研究室は，髙田保馬が法文学部開設（1924年）の翌年に東京商科大学より赴任したことによって始まる。日本における社会学の祖ともいうべき髙田は京都帝国大学経済学部に転出するまでの間，社会学研究室の教授職にあった。

　1929（昭和4）年には自殺研究で知られた井口孝親が赴任するも1932年に急逝し，その後，知識社会学，文化社会学の蔵内數太が1933年に赴任する。しかし，蔵内は1946年に退職したため，戦後の混乱期は，秋葉隆によって支えられることとなった。

　社会学研究室の実証研究の伝統は，村落研究の喜多野清一が1948年に就任することによって本格化する。1950年には神戸大学より内藤莞爾が赴任し，はじめて教授，助教授を備える研究室としての体裁を整えることとなったが，喜多野は1956年に大阪大学に転任する。後任として1959年に都市社会研究の鈴木廣が東北大学より来任するが，その後，1980年の内藤の定年までの二十余年，内藤，鈴木による研究室運営が行われ，多くの社会学研究者が輩出されることとなる。

　内藤の退職後，鈴木廣によって1986年には，高齢化する日本社会の構造分析と高齢社会への対応を担うべく地域福祉社会学研究室が新設される。当時の国立大学において福祉を冠する研究室は稀少であり，時代診断の学としての社会学の存在感を示すものであった。

　翌年の1987年には中央大学より理論社会学の友枝敏雄が赴任する。農村社会学の木下謙治は山口大学より1992（平成4）年に赴任し，後に地域福祉社会学研究室の担当となる。1996年に安立清史が日本社会事業大学から赴任するが，1997年3月に木下が退職し，研究室の教員は友枝，安立の2人となる。

　1998年度に，大学院人間環境学研究科が新設され，教員の所属がこちらに移ることとなり，四国学院大学から鈴木譲，山口大学から地域社

会学の小川全夫(たけお)が赴任する。

　2005 年度末に友枝が退職（大阪大学へ異動）し，2006 年 9 月末で小川が退職する。その後，2009 年 10 月に高野和良が山口県立大学から赴任し，現在は，鈴木譲，安立清史，高野和良の 3 人が文学部の担当となっている。それぞれの研究内容を簡単に紹介しておこう。鈴木は，日本における経済団体と政府の関係に着目し，1960 年代に顕著であった通産省主導の産業政策について，社会心理学的な視点からの分析を行っている。また，数理社会学における Newcomb 問題のフォーマライゼーションや，計量社会学における方法論の問題などにも取り組んでいる。安立は，少子・高齢化が，家族・地域コミュニティ・社会制度など，現代社会を大きく変化・変動させており，こうした人口構造や社会構造による変動に対抗する市民運動としてボランティアや民間非営利組織（NPO）があることから，現代社会の社会変動論として，ボランティア，NPOなどの社会学的調査研究を行っている。高野は，高齢化する地域社会の現状分析と，そうした状況のなかで必要とされる社会システムのあり方を，高齢者の社会参加活動に注目して調査研究している。全国的にみても高齢化と世帯の極小化が進行する西日本過疎農村をフィールドとし，そこで生活する人々の意識と行動を総合的に捉えるために社会調査を重ねている。

　先に述べたように，1999 年度以降，学部教育は文学部，大学院教育は人間環境学研究科（2000 年度の学府・研究院制度の発足によって，人間環境学府に改称）において展開され，大きな転機を迎えることとなった。学部と大学院（学府）とが対応しておらず，やや複雑な組織構成となっている。

　このような経緯をもつ社会学・地域福祉社会学研究室は，西日本地区における研究拠点として，研究者養成をひとつの役割として担っているが，1980 年以降の卒業生，修士学位取得者，博士学位取得者のなかで，常勤の研究者となった者は 33 人にのぼり，各地の大学，研究機関での

活躍が広がっている。また，近年はアジア諸国を中心として多くの留学生を受け入れているが，研究室で学士・修士・博士の学位を得て帰国し，常勤の研究者となった者は3人（台湾2人，中国1人）である。

　さて，社会学・地域福祉社会学研究室では，現在，いくつかの事務局機能を担っている。まず，学会事務局としては，西日本社会学会の事務局，編集事務局が置かれている。西日本社会学会は，1946年8月に西部社会学会として発足し，1973年5月に西日本社会学会に改称された経緯をもっているが，会員数は213人（2013年現在）であり，年1回の大会開催，機関誌『西日本社会学会年報』，ニュースの刊行を行っている。また，全国学会（福祉社会学会）の事務局なども置かれており，研究拠点としての存在感を保っている。

　また，主に社会学・地域福祉社会学研究室の卒業，修了生を会員とする九州大学社会学同窓会の事務局も置かれている。年1回の総会，ニュースレターの発行などが行われている。なお，社会学同窓会は，社会学研究室の同窓会としての役割も持つ九州大学社会学会を前身とし1966年に活動を開始したが，その後，1985年に学会部分は，日本社会分析学会として独立した（2013年現在の会員数約150人）。

　研究室の学生，大学院生の動向について卒業後の進路，資格取得の状況，研究室行事などから紹介しておこう。

　まず，卒業後の進路状況については，ほとんどの卒業生が志望する方向に進んでいる。就職状況も，景気動向に大きく左右されることなく概ね良好であるが，公務員，とりわけ地方公務員を希望する学生が増えており，実際に公務員として活躍する卒業生が一定数を占めている。2008～2012年度の卒業生の進路は，教員（高校・中学・教育事務・塾講師を含む）2人，マスコミ・情報関連（放送局，新聞社，出版，ネット・ソフト関連，書店等）17人，一般公務員16人，その他27人，大学院進学3人，未就職・不明11人となっている。

　2003年度には，日本社会学会，日本行動計量学会，日本教育社会学

会を母体として設立された財団法人社会調査士資格認定機構（現，一般社団法人社会調査協会）によって学部教育程度の社会調査士，大学院教育程度の専門社会調査士の2種類の認定資格制度が発足した。社会学・地域福祉社会学研究室では，認定資格制度発足時から参加し，資格認定に必要な科目を開講している。資格に対する学生の関心は高く，卒業生のほとんどが資格認定を受けており，社会調査士資格認定者数（2005～2012）は，105人に達している。

最後に，研究室独自の年間行事を紹介することで，学生生活の一端にふれておきたい。

4月は，研究室配属が決定した2年生を迎えるが，進学生に対して研究室の概要を紹介した手引き書である「新歓（新2年生歓迎）パンフレット」が配布され，研究室所属の教員も含めた自己紹介集である「人名辞典」も作成される。例年，個性的な自己紹介が繰り広げられており，研究室内の求心力を高めることに大きな役割を果たしている。この「人名辞典」は40年余りにわたって作成され続けており，研究室所属のごく限られた人数ではあるが，この間の若者の意識や行動の変化を垣間見ることができるともいえよう。5月には「新歓コンパ」も開かれている。

文学部オープンキャンパスが8月初旬に実施されているが，模擬講義などに加え，高校生の研究室訪問も企画されている。研究室所属の学生が高校生に対して懇切丁寧に対応しており，参加した高校生からの好評を博している。また，この機会を捉えて，先述した社会調査士資格の認定科目でもある調査実習の実査が行われたこともある。

9月には，教員，大学院生，学部生総出で，大掃除を行っている。大掃除は年2回（9月と2月）であり，終了後には，打ち上げも行われている。また，秋には大学院生と学部生が中心になってソフトボールや卓球などのスポーツ大会が開催されている。12月は，卒業論文提出を間近に控えた4年生も参加する研究室挙げての忘年会が開かれる。

卒業論文の提出後，3月初旬には卒業論文発表会が行われる。4年生

による論文概要の報告の後，3年生による批評が繰り広げられ，指導教員が総括を行っている。卒業論文の問題意識は実に多様であるが，正確な現状分析と，これに基づく将来展望が，それぞれに披露され，刺激的な時間が流れることとなる。また，優秀論文賞の発表もこの場で行われている。

　以上のような研究室の様々な活動に対する理解を広く得るために，社会学・地域福祉社会学研究室ではホームページを開設している。「社会学とは」「文学部1年生へ」「大学院受験の方へ」「卒業生・在校生の声」「年間行事」「スタッフ紹介」などから構成され，「新着情報」では，折々の活動が紹介されている。また，社会学の基礎的な知識をクイズ形式で確認できる「社会学診断」もあり，学部1年生などの初学者にとって手軽に社会学との接点を得ることのできる仕組みとなっている。

第5節　広人文学コース

　九州大学は2009（平成21）年度に文部科学省の国際化拠点整備事業である「グローバル30」に採択され，その一環として英語のみの授業による大学院（学府）教育のコースが全学府に設置されることになる。人文科学研究院はこれを受けて，2011年10月に広人文学コース（修士課程）を開設し，人文科学府人文基礎専攻に配置した。

　このコースは，人文科学諸分野の高度な専門知識を身に付け，かつ日本文化に関する十分な素養を持ち，国際的に活躍できる人材を養成することを目的とした。このコースでは，修士号取得後，種々の職種へ進むgeneralists，さらに博士号取得を目指すspecialistsの二つのプログラムを設け，既存の専修の枠にとらわれず，人文科学諸分野の科目を幅広く履修すると共に，日本文化論の諸科目を履修して日本文化に関する高い素養を身に付けることを目指した。授業科目としては，日本史，日本語，

日本文化（芸術・思想・文学等）などがあり，基礎科目 16 単位，専門科目 12 単位，論文指導 2 単位を修得し，修士論文の審査に合格することを修了要件とした。

　広人文学コースの担当教員としては，2010 年度に倉重ジェフリー義夫講師（日本中世史）とケリー・ベノム准教授（日本語学）が，2011 年度にはエレン・ヴァン゠フーテム准教授（日本古代史）が，2012 年度にはシンシア・ボーゲル准教授（日本美術史・アジア仏教視覚文化，翌年度教授昇任）が着任した。倉重講師，ベノム准教授は，国際教育センターに所属し，ヴァン゠フーテム，ボーゲル両准教授は，九州大学の女性教員採用・養成支援のプログラムにより採用され，人文科学研究院哲学部門に所属した。

　2011 年 10 月には第 1 期生として，メキシコ，アメリカから各 1 名，中国から 2 名，計 4 名が，続いて 2012 年 10 月には 7 名が入学した。新コースの教育は，人文科学研究院の教員の協力を得て順調に行われ，2013 年 9 月に第 1 期生全員が修了した。これは，人文科学府における秋入学・秋修了の最初の事例となった。研究室は文学部棟 1 階に設けられ，2012 年度には，平田 寛(ゆたか)名誉教授（美学・美術史）の旧蔵書が寄贈され，「如安(じょあん)文庫」として蔵書構築が図られた。秋学期には，院生が京都や奈良の寺社や史跡を，通常では観られない所も含めて見学するという集中講義に参加している。本コースならではの特色ある授業と言える。

第 6 節　附属九州文化史研究施設

　九州の地が日本の歴史・文化の源泉であるという認識のもと，1926（大正 15）年 11 月の法文学部教授会において，史料蒐集のための調査委員会設置が提案された。翌年度に史料蒐集委員会が発足し，史料蒐集が開始された。1934（昭和 9）年 9 月，松浦鎮次郎総長の計らいにより，

学内措置として，法文学部に九州文化史研究所が設置された。九州文化の史的研究を通じて，日本文化の解明とその進歩・発展に寄与することが設立の目的であった。法文学部の文科・法科・経済科の教官が所員となり，全学予算から当てられた経費をもとに，史料の蒐集と調査・研究に当たった。発足時の所員は，長沼賢海教授（国史学）・三田村一郎教授（財政学）・金田平一郎助教授（法制史）・遠藤正男講師（経済史）であった。所員は各地に出張し，とくに九州関係の古文書の写本が多く作成された。

　新制大学発足後の 1950 年には，九州文化史の研究が九州大学として最も大きく取り上げるべき課題の一つであるという機運が学内外に高まり，予算が大学から付けられた。その予算によって，「長沼文庫」「元山文庫」といった貴重な史料が購入され，1951 年 3 月，紀要第 1 号（「対馬の史的研究」）が刊行された。

　新体制となった 1950 年度の九州文化史研究所は，文学部・法学部・経済学部の 3 学部による共同管理であり，一般文化部門・政治史社会史部門・法制史部門・経済史部門・対外交渉史部門・キリシタン文化史部門の計 6 部門に関する九州文化の史的解明及びこれに関連する研究を目的とした。事業としては，史料の採訪・整理・保存・複写，慣行の調査，研究及び発表，紀要の刊行があった。所長は文学部長が兼ね，所員には，文学部・法学部・経済学部の研究所事業関係の教授・助教授・専任講師がなり，研究に従事した。研究員には，3 学部の助手・大学院特別研究生がなり，所員の指導の下に研究に従事した。所長が 3 学部事務員の中から委嘱した者が事務員となった。

　1950 年度の所長は文学部長干潟龍祥で，所員は，文学部 7 名，法学部 3 名，経済学部 4 名，嘱託所員 1 名の計 15 名の教官で構成された。対馬の史的研究は，当時全国的に行われた近世庶民史料調査の一環でもあった。九州大学は九州地区の調査を担当したが，この史料調査により，九州各地の古文書が多く発掘された。その中の六角文書・清末文書な

ど，多くの近世史料が九州文化史研究所に寄贈され，所蔵史料の核となった。対馬の後には，石本家文書を中心とした天草諸島の史的研究が実施され，紀要に特集号が組まれた。

学内措置としての九州文化史研究所を独立した研究機関にする方針が立てられ，3部門の設置を文部省に要求した。その結果，1965年4月，対外交渉史部門のみが認められ，文学部附属九州文化史研究施設が発足した。九州文化の総合的研究を世界史的観点の上に立って行い，日本文化の特質を明らかにするという目的で設置されたものである。

初代施設長には，国史学講座教授の箭内健次が就任し，新たに藤野保が東京教育大学から助教授として着任した。三木俊秋が助手を務めた。翌1966年4月には，杉本勲が日本大学から教授として着任し，研究施設の体制が整った。研究施設になると，研究組織が改組され，旧所員は併任教官に切り替えられ，学外の大学・研究機関の研究者が研究員となった。

研究施設の運営には，運営委員会が設けられた。これは，委員長（文学部長），専任の教授・助教授，兼任教官8名（文学部4名，法学部・経済学部各2名）から構成された。このほか，紀要編集，企画調査，古文書目録編集の3委員会が設けられた。当初は，本部の振替予算で運営がなされたが，大学紛争後，大学の予算配分の方法が変更になって，本部からの予算がなくなり，文学部の受益者負担の原則が確立した。箭内の後の施設長には，杉本勲・谷口鐵雄・岡村繁・藤野保・横山浩一・丸山雍成が任じられた。

杉本は，1969年10月，国史学第一講座の教授を兼ね，1971年3月，定年退官した。1972年1月，藤野が教授に昇格し，1973年4月，丸山雍成が駒澤大学から助教授として着任した。1973年ごろから新部門設置の動きがあり，1976年4月，「比較考古学部門」が設置され，2部門体制となった。翌1977年4月，横山浩一が同部門の教授として国立奈良文化財研究所から着任した。

1986年3月,藤野は中央大学に転出し,同年7月,丸山が教授に昇任した。その後,横山は文学部長を務め,1989年3月,定年退官した。横山の後任には,同年4月に医学部から田中良之が助教授として着任した。

　研究施設の設置以降,科学研究費補助金を獲得して,共同研究を実施するというスタイルが定着した。「近世日田とその周辺地域の総合的研究」（代表：杉本勲）,「佐賀藩の総合研究」（代表：藤野保）,「藩政改革と明治維新――西南雄藩を中心として――」（代表：藤野保）,「北部九州における弥生文化の成立」（代表：横山浩一）,「近世における南西諸島と九州の関係史的研究」（代表：丸山雍成）などの科学研究費補助金による共同研究が推進され,紀要には多くの関係論文が掲載された。こうした共同研究は大きな成果をあげ,『九州天領の研究』,『佐賀藩の総合研究』,『続佐賀藩の総合研究』,『生産と流通の考古学』,『日本における初期弥生文化の成立』,『前近代における南西諸島と九州』等の論文集が刊行された。

　戦前以来の所蔵史料は,近世文書を中心に,公称30万点という膨大なもので,質量ともに全国屈指の規模となった。また,写本作成とともに,小型カメラやマイクロカメラによる各地の史料撮影が進み,多数のマイクロフィルムや写真帳が所蔵された。所蔵史料の整理も継続的に行われ,計23冊の所蔵古文書目録が刊行された。1985年11月には,九州文化史研究所創立50周年・同研究施設開設20周年の記念祝賀会（講演会など）が盛大に開催された。同じく記念事業の一環として,「九州と日本社会の形成――縄文から維新まで――」が西日本新聞に連載され,連載終了後,単行本として刊行された。

　1987年ごろから,文系学際大学院構想の議論が本格化し,九州文化史研究施設もその中に位置づけられた。この構想が,教養部改組の動きと連動し,教養部統廃合,学際大学院の設置へと大きく展開する。その結果,教養部の廃止に伴い,1994（平成6）年4月,新たに大学院比較社会文化研究科が設置され,九州文化史研究施設の人員と史料はその中

に吸収され，文学部附属研究施設としての約 30 年の歴史は幕を閉じた。なお，研究施設の教官が正式に比較社会文化研究科に移籍するのは，同年 6 月 24 日である。

資 料 編

「旧法文ビル」 吉川幸作 画

Ⅰ 人事資料

1 教官・教員一覧

法文学部（大 13.9.26 〜昭 24.3.31）

	氏　名	助　教　授	教　　授
あ	青山道夫		昭19.4.27 − 昭24.3.31
	秋重義治	昭19.11.29 − 昭24.3.31	
	秋永　肇	昭19.7.10 − 昭22.7.29	
	浅野正一	昭2.4.25 − 昭8.9.26	
	東　季彦		大13.11.6 − 昭4.6.12
	阿武京二郎		昭10.5.8 − 昭21.3.7
い	井口孝親	大14.6.6 − 昭5.4.4	昭5.4.5 − 昭7.10.21
	石浜知行	大13.11.15 − 大14.5.18	大14.5.19 − 昭3.4.24, 昭21.3.31 − 昭24.3.31
	井上正治	昭23.1.23 − 昭24.3.31	
	今中次麿		昭3.11.26 − 昭17.2.28, 昭21.3.30 − 昭24.3.31
う	植田寿蔵		昭2.11.26 − 昭4.4.14
	上原道一	昭6.11.10 − 昭11.2.23	
	宇賀田順三	昭2.7.19 − 昭3.10.14	昭3.10.15 − 昭21.2.13
え	遠藤正男	昭11.10.19 − 昭15.5.26	
お	大沢　章		大15.6.5 − 昭22.3.10
	大島直治		大13.10.11 − 大14.5.31
	大村作次郎	昭2.5.11 − 昭11.11.30	
	大森研造		大14.12.14 − 昭11.2.19
	岡橋　保	昭14.3.29 − 昭19.5.9	昭19.5.10 − 昭24.3.31
	岡部竜玄	昭2.5.24 − 昭2.12.22	
	長田三郎	昭3.7.26 − 昭9.1.27	
	小野島行忍	大15.9.11 − 昭20.11.7	
か	風早八十二	大15.10.11 − 昭2.4.24	昭2.4.25 − 昭4.11.21
	春日政治		大15.5.25 − 昭13.3.31
	片山正雄		大14.8.21 − 昭7.4.15
	金田平一郎	昭5.2.10 − 昭15.5.3	昭15.5.4 − 昭24.3.31
	鹿子木員信		大15.8.12 − 昭14.4.26
	河村又介		昭7.8.22 − 昭22.8.3
き	菊池勇夫	昭3.10.10 − 昭4.4.9	昭4.4.10 − 昭24.3.31
	喜多野清一		昭23.3.31 − 昭24.3.31
	木村亀二		大15.5.31 − 昭4.11.21

	氏　名	助　教　授	教　授
く	具島兼三郎		昭23.3.31－昭24.3.31
	楠本正継	大15.10.11－昭2.5.3	昭2.5.4－昭24.3.31
	国松孝二	昭19.5.10－昭20.7.15	昭20.7.16－昭24.3.31
	蔵内數太	昭8.11.14－昭10.11.4	昭10.11.5－昭21.3.30
	栗村雄吉	昭9.5.11－昭15.5.3	昭15.5.4－昭24.3.31
こ	小島精一	大14.6.6－昭2.5.11	
	小島吉雄	昭2.5.11－昭21.9.6	昭21.9.7－昭24.3.31
	小林栄三郎	昭18.10.11－昭22.3.30	昭22.3.31－昭24.3.31
	小林　登	昭21.3.30－昭21.5.28	
	小牧健夫		昭7.4.20－昭18.9.30
さ	向坂逸郎	大14.7.11－大15.6.29	大15.6.30－昭3.4.24，昭21.3.30－昭24.3.31
	佐久間　鼎		大14.11.18－昭24.3.31
	佐治謙譲	昭3.4.14－昭12.12.20	
	佐々弘雄		大13.12.17－昭3.4.24
	佐藤通次	昭2.5.11－昭18.4.28	
	佐野勝也	大14.6.6－大15.5.30	大15.5.31－昭21.8.19
し	重松俊章		昭2.11.12－昭19.9.30
	四宮兼之		大13.12.17－昭19.4.28
	清水金二郎		昭23.5.31－昭24.3.31
	正田誠一	昭23.3.31－昭24.3.31	
	進藤誠一	昭13.7.16－昭18.5.18	昭18.5.19－昭24.3.31
す	須川彌作	大15.5.1－昭13.4.13	昭13.4.14－昭13.4.14
	杉之原舜一	大15.5.31－昭4.11.21	
そ	副田満輝	昭23.11.4－昭24.3.31	
	祖川武夫		昭22.6.19－昭24.3.31
た	高木市之助		昭14.4.1－昭21.3.30
	高木暢哉	昭19.5.10－昭23.7.30	昭23.7.31－昭24.3.31
	高田源清		昭24.2.16－昭24.3.31
	高田保馬		大14.5.19－昭5.11.9
	高橋正雄	昭3.4.11－昭17.9.1	昭21.3.30－昭24.3.31
	滝川政次郎	大14.6.6－昭2.4.24	昭2.4.25－昭4.11.21
	滝沢克己	昭23.3.31－昭24.3.31	
	竹内謙二	大14.8.29－昭3.3.12	昭3.3.13－昭8.6.28
	竹内理三		昭23.9.14－昭24.3.31
	竹岡勝也	昭2.6.13－昭4.6.20	昭4.6.21－昭21.12.30
	竹原良文	昭23.12.28－昭24.3.31	
	田中　晃	昭15.4.10－昭21.3.31	
	田中和夫	昭4.6.11－昭15.3.31	昭15.4.1－昭24.3.31
	田中　定	昭9.5.11－昭15.5.3	昭15.5.4－昭24.3.31

	氏　名	助　教　授	教　授
た	田邊重三		昭21.8.26－昭24.3.31
ち	長　壽吉		大14.2.20－昭15.9.4
と	豊崎光衛	昭16.3.7－昭22.12.25	
	豊田　實		大14.8.19－昭20.9.29
な	長澤信寿		昭23.6.16－昭24.3.31
	中島慎一		大14.5.19－昭18.2.6
	長沼賢海		大14.12.10－昭18.9.30
	中山竹二郎	昭3.3.31－昭22.4.15	昭22.4.16－昭24.3.31
	成瀬正一		大15.5.31－昭11.4.13
に	西山重和		大15.4.10－昭24.3.31
の	野津　務	大14.6.6－昭2.4.24	昭2.4.25－昭14.3.31
	野見山　温	昭14.12.28－昭15.3.16	
は	波多野　鼎	昭5.5.1－昭9.5.10	昭9.5.11－昭22.5.26
	馬場克三	昭11.10.19－昭20.7.15	昭20.7.16－昭24.3.31
	林田和博	昭7.12.5－昭21.9.10	昭21.9.11－昭24.3.31
	原　俊之	昭23.12.27－昭24.3.31	
ひ	干潟龍祥	大14.6.6－大15.5.30	大15.5.31－昭24.3.31
	日野開三郎	昭14.3.18－昭21.8.6	昭21.8.7－昭24.3.31
	平塚益徳		昭19.8.7－昭24.3.31
ふ	福田良輔	昭23.6.29－昭24.3.31	
	藤沢親雄		大13.11.6－昭5.8.30
	舟橋諄一	昭4.5.20－昭5.12.25	昭5.12.26－昭24.3.31
	古野清人		昭23.6.16－昭24.3.31
	不破武夫		昭14.7.31－昭22.2.26
ほ	堀　豊彦		昭17.6.30－昭21.6.30
ま	前川俊一	昭23.3.31－昭24.3.31	
	松枝茂夫	昭16.5.5－昭22.4.30	
	松濤泰巌		大14.5.19－昭18.9.30
み	三田村一郎		大14.12.4－昭21.3.23
	宮本又次	昭17.7.24－昭20.7.15	昭20.7.16－昭24.3.31
む	武藤智雄	大15.9.11－昭21.3.30	
め	目加田　誠	昭8.7.31－昭13.3.29	昭13.3.30－昭24.3.31
も	森　克己		昭22.5.20－昭24.3.31
	森　耕二郎	昭3.3.22－昭8.4.24	昭8.4.25－昭24.3.31
や	矢崎美盛	昭2.2.5－昭10.6.14	昭10.6.15－昭23.7.30
	矢田部達郎	大15.5.1－昭19.7.8	
	山尾時三	大14.6.6－昭4.4.9	昭4.4.10－昭8.5.1
	山中康雄		昭21.8.26－昭24.3.31
	山之内一郎	大13.12.17－大14.5.18	大14.5.19－昭4.11.21

I　人事資料

	氏　名	助　教　授	教　授
や	山室三良	昭23.6.29－昭24.3.31	
よ	吉田道也	昭23.3.31－昭24.3.31	
	吉町義雄	昭16.5.29－昭24.3.31	
	吉村正晴	昭20.7.16－昭24.3.31	
	米原七之助	昭13.4.28－昭24.3.31	
わ	渡邊照宏	昭23.3.31－昭24.3.31	

文学部（昭 24.4.1 ～現在），大学院人文科学研究院（平 12.4.1 ～現在）

	氏　名	講　師	助教授・准教授	教　授
あ	青木博史		平21.4.1→	
	赤松明彦		昭62.11.1－平9.3.31	平9.4.1－平13.3.31
	秋重義治		昭24.4.1－昭25.8.14	昭25.8.15－昭43.3.31
	浅井健二郎			平16.10.1－平21.3.31
	安立清史 *		平8.10.1－平22.3.31	平22.4.1→
	荒木見悟		昭37.4.1－昭43.7.15	昭43.7.16－昭56.4.1
	有馬　學	昭51.4.1－昭53.12.31	昭54.1.1－平2.9.30	平2.10.1－平6.6.23
	安藤　保			平8.4.1－平17.3.31
い	飯嶋秀治 *		平19.4.1→	
	池田紘一		平1.4.1－平6.8.31	平6.9.1－平16.3.31
	石井克己	昭27.4.1－昭32.10.15	昭32.10.16－昭43.3.31	昭43.4.1－昭44.3.31
	井手誠之輔			平16.3.30→
	伊藤利男		昭46.4.1－昭60.6.30	昭60.7.1－平6.3.31
	稲垣良典			昭47.4.1－平4.3.31
	稲田俊明		昭63.4.1－平6.4.30	平成6.5.1－平24.3.31
	伊原照蓮	昭26.10.1－昭29.4.15	昭29.4.16－昭42.2.28	昭42.3.1－昭58.4.1
	今井源衛		昭31.10.1－昭46.7.15	昭46.7.16－昭57.4.1
	今里悟之		平24.9.1→	
	今西裕一郎		昭60.4.1－平8.8.31	平8.9.1－平16.3.31, 平17.11.7－平21.3.31
	今道友信		昭33.10.1－昭37.10.14	
	岩﨑義則		平18.4.1→	
	岩田圭一		平20.4.1－平25.3.31	
う	ヴァン=フーテム, エレン		平23.4.1→	
	上野洋三			平13.4.1－平19.3.31
	上山あゆみ		平14.4.1－平26.1.31	平26.2.1→
	鵜飼信光		平8.4.1－平25.3.31	平25.4.1→
	後小路雅弘			平14.9.1→

	氏 名	講 師	助教授・准教授	教 授
う	臼井勝美		昭43.10.1－昭46.12.15	昭46.12.16－昭50.3.31
え	蛯原 啓		昭46.4.1－昭57.1.15	昭57.1.16－昭57.8.3
お	大江三郎		昭43.4.1－昭48.12.31	昭49.1.1－昭61.8.26
	大稔哲也		平8.4.1－平18.3.31	
	大村敏輔			平6.4.1－平8.3.31
	岡崎 敦		平11.4.1－平23.3.31	平23.4.1→
	岡崎 敬		昭35.2.1－昭47.5.31	昭47.6.1－昭62.3.31
	小笠原弘幸		平25.10.1→	
	岡野 潔		平14.4.1－平16.3.31	平16.4.1→
	岡村 繁		昭41.10.1－昭43.11.15	昭43.11.16－昭61.3.31
	岡村秀典		平2.4.1－平6.3.31	
	小川全夫*			平10.4.1－平18.9.30
	奥野満里子	平12.4.1－平14.3.31	平14.4.1－平17.3.31	
	奥村三雄		昭44.10.1－昭53.6.30	昭53.7.1－平1.3.31
	小黒康正		平12.5.1－平22.3.31	平22.4.1→
	長 正統		昭49.5.16－昭56.4.30	昭56.5.1－平1.3.31
	越智重明		昭30.11.1－昭47.5.31	昭47.6.1－昭62.3.31
	小野菊雄			平6.4.1－平10.3.31
	折田悦郎	平6.4.1－平13.6.30	平13.7.1－平17.9.31	平17.10.1→
	遠城明雄		平8.10.1－平20.12.31	平21.1.1→
か	鏡山 猛		昭27.4.1－昭33.5.31	昭33.6.1－昭47.3.31
	影山 巍	昭24.5.31－昭37.2.15	昭37.2.16－昭37.3.31	
	梶田 真		平17.4.1－平19.3.31	
	春日和男		昭29.7.1－昭43.7.15	昭43.7.16－昭53.4.1
	片岡 啓		平17.4.1→	
	辛島正雄		平6.4.1－平20.3.31	平20.4.1→
	川勝 守	昭48.1.1－昭49.5.31	昭49.6.1－昭62.7.15	昭62.7.16－平10.3.31
	河上誓作		昭50.4.1－昭57.3.31	
	川添昭二		昭44.1.1－昭50.7.31	昭50.8.1－平2.3.31
	川平敏文		平22.4.1→	
	川本芳昭		平6.4.1－平10.10.15	平10.10.16→
	菅 豊彦			平6.4.1－平17.3.31
き	菊竹淳一		昭54.8.1－平6.8.31	平6.9.1－平14.3.31
	菊地恵善		平13.4.1－平14.8.31	平14.9.1→
	喜多野清一			昭24.4.1－昭31.3.31
	鬼頭英一			昭40.10.1－昭44.9.9
	木下謙治			平4.4.1－平9.3.31
	キャンベル,ロバート・ブライアン	昭63.4.1－平7.3.31		

	氏　名	講　師	助教授・准教授	教　授
き	京谷啓徳		平12.5.1→	
	行場次朗		平5.4.1－平10.3.31	
く	楠本正継			昭24.4.1－昭35.3.31
	国松孝二			昭24.4.1－昭25.3.30
	久保智之		平10.4.1－平18.9.30	平18.10.1→
	倉田　剛		平22.10.1→	
	黒川　康		昭48.4.1－昭59.3.31	
	黒田　亘		昭36.4.1－昭47.3.31	
こ	小島吉雄		昭24.4.1－昭24.4.30	
	小林栄三郎			昭24.4.1－昭47.3.31
さ	佐伯弘次		平4.4.1－平17.3.31	平17.4.1→
	坂井信生		昭51.7.1－昭60.6.30	昭60.7.1－平10.3.31
	坂上康俊	昭60.4.1－昭62.6.30	昭62.7.1－平11.9.30	平11.10.1→
	坂本　勉		平4.10.1－平13.3.31	平13.4.1→
	迫野虔徳		昭55.4.1－平1.11.30	平1.12.1－平18.3.31
	佐藤震二		昭47.4.1－昭48.5.1	
し	静永　健		平12.4.1→	
	柴田　篤		平1.4.1－平8.3.31	平8.4.1→
	清水和裕		平19.4.1－平24.4.30	平24.5.1→
	清水宏祐			平5.10.1－平24.3.31
	下地理則		平24.4.1→	
	新城常三			昭34.10.1－昭43.3.31
	進藤誠一			昭24.4.1－昭36.3.31
	神寳秀夫			平8.4.1－平25.3.31
す	末松　壽			平5.4.1－平15.3.31
	杉浦正一郎		昭25.10.31－昭28.8.15	昭28.8.16－昭32.2.23
	杉本　勲			昭41.4.1－昭46.3.31
	鈴木　廣	昭34.7.1－昭38.11.30	昭38.12.1－昭55.6.30	昭55.7.1－平6.3.31
	鈴木広光	平8.4.1－平14.3.31		
	鈴木　譲*			平10.4.1→
せ	關　一敏*		平10.4.1－平14.3.31	平14.4.1→
そ	副島民雄			昭38.4.1－昭41.3.31
	園井英秀		昭60.4.1－昭62.8.15	昭62.8.16－平17.3.31
た	髙木彰彦			平11.4.1→
	髙木信宏		平16.4.1→	
	髙野和良*		平21.10.1－平26.3.31	平26.4.1→
	髙野泰志		平19.4.1→	
	髙橋義孝		昭25.7.14－昭29.11.15	昭29.11.16－昭45.3.31
	髙山倫明		平5.4.1－平19.6.30	平19.7.1→

	氏 名	講 師	助教授・准教授	教 授
た	滝沢克己		昭24.4.1－昭24.8.30	昭24.8.31－昭46.5.12
	竹内理三			昭24.4.1－昭34.3.15
	竹沢尚一郎*		昭63.4.1－平10.4.8	平10.4.9－平13.9.30
	武田利勝		平26.4.1→	
	竹村則行		昭60.10.1－平7.3.31	平7.4.1－平26.3.31
	田窪行則		平3.4.1－平8.3.31	平8.4.1－平12.9.30
	田中栄一		昭41.4.1－昭51.6.15	昭51.6.16－昭60.3.31
	田中良之		平1.4.16－平6.6.23	
	田邊重三			昭24.4.1－昭34.3.31
	谷　隆一郎	昭54.9.1－昭58.8.31	昭58.9.1－平5.3.31	平5.4.1－平21.3.31
	谷口鐵雄	昭24.6.1－昭26.2.28	昭26.3.1－昭30.6.30	昭30.7.1－昭48.4.1
	田村圓澄		昭32.5.1－昭43.7.15	昭43.7.16－昭55.3.31
つ	辻田淳一郎	平15.10.1－平20.3.31	平20.4.1→	
	圓谷裕二		平6.10.1－平10.9.30	平10.10.1→
と	戸崎宏正		昭52.6.1－昭58.6.30	昭58.7.1－平5.3.31
	友枝敏雄		昭62.4.1－平8.8.31	平8.9.1－平18.3.31
な	内藤莞爾	昭25.10.31－昭26.4.30	昭26.5.1－昭35.2.29	昭35.3.1－昭55.4.1
	長澤信寿			昭24.4.1－昭35.3.31
	中島楽章		平12.10.1→	
	永田英一	昭24.6.1－昭24.11.29	昭24.11.30－昭37.4.30	昭37.5.1－昭51.4.1
	中野三敏		昭47.4.1－昭57.6.30	昭57.7.1－平11.3.31
	中畑正志		平3.4.1－平7.9.30	
	中溝幸夫*			平10.4.1－平18.3.31
	中村　質		昭51.4.1－昭59.1.31	昭59.2.1－平9.3.31
	中村知靖*		平9.5.1－平24.3.31	平24.4.1→
	中村幸彦			昭33.4.1－昭46.3.31
	中山竹二郎			昭24.4.1－昭32.3.31
に	西岡宣明		平11.4.1－平19.4.30	平19.5.1→
	西岡範明		昭52.4.1－昭60.6.30	昭60.7.1－平3.3.31
	西田越郎	昭26.3.31－昭30.3.31	昭30.4.1－昭45.7.15	昭45.7.16－昭60.3.31
	西谷　正		昭48.5.1－昭62.7.15	昭62.7.16－平14.3.31
の	納富信留	平8.10.1－平10.3.31	平10.4.1－平14.3.31	
	野澤秀樹		昭47.6.1－昭59.3.31	昭59.4.1－平16.3.31
	野村暢清		昭30.4.16－昭44.3.31	昭44.4.1－昭60.3.31
は	箱田裕司*			平6.4.1－平26.3.31
	花田伸久			平6.4.1－平9.3.31
	馬場典明			平6.4.1－平7.3.31
	濱田耕策		昭64.1.1－平6.3.31	平6.4.1→
	林田慎之助		昭46.10.1－昭57.3.31	

	氏 名	講 師	助教授・准教授	教 授
は	早田輝洋		昭49.10.1－平1.8.15	平1.8.16－平6.3.31
	原口三郎		昭57.4.1－平3.3.31	平3.4.1－平16.12.31
ひ	東口 豊	平14.5.1－平21.10.30	平21.11.1→	
	干潟龍祥			昭24.4.1－昭30.3.31
	日野開三郎			昭24.4.1－昭47.3.31
	平勢隆郎		平2.4.1－平4.9.30	
	平田 寛		昭46.4.1－昭53.3.31	昭53.4.1－平6.3.31
	平塚益徳			昭24.4.1－昭26.3.30
ふ	深澤克己		昭61.12.1－平6.9.30	平6.10.1－平7.9.30
	福田 殖			平6.4.1－平8.3.31
	福田良輔		昭24.4.1－昭25.7.23	昭25.7.24－昭43.3.31
	藤沢令夫		昭33.11.1－昭38.3.31	
	藤野 保		昭40.4.1－昭46.12.31	昭47.1.1－昭61.3.31
	藤原 浩	昭27.11.1－昭30.3.31		
	舩田善之	平17.4.1→		
	船津孝行	昭29.12.16－昭44.2.28	昭44.3.1－昭48.3.31	昭48.4.1－昭63.3.31
	船山 徹		平10.10.1－平12.3.31	
	古野清人			昭24.4.1－昭31.11.15
ほ	ボーゲル, シンシア		平24.4.1－平26.1.31	平26.2.1→
	細川亮一		昭54.4.1－平5.4.30	平5.5.1－平24.3.31
ま	前川俊一		昭24.4.1－昭32.10.15	昭32.10.16－昭47.3.31
	前川誠郎		昭34.5.1－昭45.4.30	
	増永洋三			昭50.4.1－平4.3.31
	町田三郎		昭49.4.1－昭56.6.30	昭56.7.1－平7.3.31
	松田伊作		昭41.4.1－昭48.11.15	昭48.11.16－平1.3.31
	松永勝也		昭53.4.1－平3.3.31	平3.4.1－平8.5.10
	松永雄二	昭37.11.16－昭38.10.19	昭38.10.20－昭48.7.31	昭48.8.1－平5.3.31
	松濤誠廉			昭33.4.1－昭41.3.31
	松浪 有		昭36.11.1－昭42.3.31	
	丸山雍成		昭48.4.1－昭61.6.30	昭61.7.1－平6.6.23
み	三浦佳世*			平10.4.1→
	光藤宏行*	平19.4.1－平24.3.31	平24.4.1→	
	南澤良彦		平13.4.1→	
	宮島 磨		平13.10.1－平24.3.31	平24.4.1－平25.1.31
	宮本一夫		平6.4.1－平14.10.31	平14.11.1→
	三輪英夫		平8.4.1－平12.6.30	
む	村井和彦			平17.10.1－平23.10.13
	村田 寛	平14.5.1－平18.3.31		

	氏　名	講　　師	助教授・准教授	教　　授
む	村山七郎			昭43.4.1－昭47.3.31
め	目加田　誠			昭24.4.1－昭42.3.31
も	毛利可信		昭33.3.16－昭36.3.31	
	元田脩一		昭40.4.1－昭47.5.31	昭47.6.1－昭52.1.17
	森　克己			昭24.4.1－昭27.3.31
	森　洋	昭31.5.1－昭34.3.15	昭34.3.16－昭47.5.31	昭47.6.1－平2.3.31
	森田良紀	昭31.4.1－昭33.3.31	昭33.4.1－昭47.9.30	
	森平雅彦	平15.4.1－平18.3.31	平18.4.1→	
や	箭内健次			昭28.6.1－昭43.11.15
	山口輝臣		平13.4.1→	
	山崎庸佑		昭49.4.1－昭57.3.31	昭57.4.1－平10.3.31
	山下亜紀子＊		平26.4.1→	
	山内昭人			平14.4.1→
	山室三良		昭24.4.1－昭36.6.30	昭36.7.1－昭43.3.31
	山本清幸			昭30.1.1－昭48.4.1
よ	横山浩一			昭52.4.1－平1.3.31
	吉井亮雄		平1.10.1－平15.3.31	平15.4.1→
	吉原雅子	平19.4.1－平25.3.31	平25.4.1→	
	吉町義雄		昭24.4.1－昭38.3.31	昭38.4.1－昭40.3.31
	四日市康博	平17.4.1－平20.3.31		
ろ	六反田　豊		平8.4.1－平14.3.31	
わ	渡邊照宏		昭24.4.1－昭28.3.30	

備考
1. 本表は 2014（平成 26）年 4 月 1 日現在で作成した。
2. 九州大学に本官・本務をもつ法文学部（文科・法科・経済科を含む）の教授・助教授，文学部・大学院人文科学研究院の教授・助教授・准教授・講師，および文学部を兼担する大学院人間環境学研究科・大学院人間環境学研究院の教授・助教授・准教授・講師を掲げ，氏名を五十音順で配列した。
3. 1986（昭和 61）年 5 月 10 日までの人事情報は『九州大学七十五年史』別巻に依拠し，それ以降については『九大学報』，『九州大学学報』，『九州大学一覧』，「評議会議事録」，総務部人事課提供データおよび貝塚地区事務部総務課資料による。
4. ＊は，1998 年 4 月 9 日〜 2000 年 3 月 31 日は人間環境学研究科，2000 年 4 月 1 日〜現在は人間環境学研究院に所属。

2 助手・助教一覧

哲学・哲学史研究室

氏　名	在 任 期 間
根井康雄	1957.4 − 1959.3
清水正照	1959.4 − 1962.3
武宮　諦	1962.4 − 1966.3
伊東　斌	1966.4 − 1967.6
菅　豊彦	1967.7 − 1969.3
上田富美子	1969.4 − 1972.3
藤井　誠	1972.4 − 1975.3
岩隈　敏	1972.4 − 1975.3
甲斐博見	1975.4 − 1977.3
小林信行	1977.4 − 1979.3
田畑博敏	1979.4 − 1980.9

氏　名	在 任 期 間
上野正二	1980.10 − 1984.9
新島龍美	1984.10 − 1986.3
片山　寛	1986.4 − 1989.8
浜渦辰二	1989.9 − 1991.3
末吉康幸	1991.4 − 1995.3
東谷孝一	1995.4 − 1998.3
永嶋哲也	1998.4 − 2001.3
浅岡慎一	2001.4 − 2002.3
樋渡　河	2006.4 − 2007.3
廣田智子	2013.4 − 2014.3

倫理学研究室

氏　名	在 任 期 間
城戸　寛	1957.6 − 1960.3
橋本隼男	1961.4 − 1964.3
花田伸久	1964.4 − 1967.3
末次　弘	1967.4 − 1972.3
寺園喜基	1972.4 − 1975.9
山下　登	1975.10 − 1978.9
村上伸子	1978.10 − 1980.3

氏　名	在 任 期 間
西本恵司	1980.4 − 1984.3
岡本裕一郎	1984.4 − 1988.3
浅田淳一	1988.4 − 1992.3
渡部　明	1992.4 − 1996.3
大崎晴美	1996.4 − 1999.3
中本幹生	1999.4 − 2001.3
新名隆志	2001.4 − 2002.3

インド哲学史研究室

氏　名	在 任 期 間
大野義山	1950.12 − 1954.3
高原信一	1956.4 − 1961.7
戸崎宏正	1961.4 − 1964.3
篠田正成	1964.4 − 1966.12
戸田宏文	1965.1 − 1968.2
高原信一	1968.4 − 1969.3
篠田正成	1969.4 − 1970.3
長尾陸司	1970.4 − 1972.3
針貝邦生	1972.4 − 1976.3

氏　名	在 任 期 間
奥田真隆	1976.4 − 1980.3
阿　理生	1980.4 − 1984.3
清水新一	1984.4 − 1987.3
大前　太	1987.4 − 1991.3
山口英一	1991.7 − 1995.3
宮本　均	1995.4 − 1998.3
	2002.4 − 2004.3
原田泰教	2007.4 − 2008.3

中国哲学史研究室

氏　名	在 任 期 間
佐藤　仁	1956.7－1959.7
疋田啓佑	1960.4－1962.3
福田　殖	1967.4－1970.3
吉田公平	1970.4－1974.3
竹内弘行	1974.4－1975.3
牛尾弘孝	1975.4－1976.3
邊土名朝邦	1976.4－1977.3
柴田　篤	1977.4－1979.3
石田和夫	1979.4－1980.3
近藤則之	1980.4－1982.3

氏　名	在 任 期 間
野口善敬	1982.4－1986.3
薄井俊二	1986.4－1988.3
佐藤　明	1988.4－1991.3
有馬卓也	1991.4－1991.9
連　清吉	1991.10－1994.3
横畑茂明	1994.4－1996.3
横山　裕	1996.4－1998.3
鄭　址郁	1998.4－2000.3
楢崎洋一郎	2002.4－2004.3
白井　順	2010.4－2011.3

美学・美術史研究室

氏　名	在 任 期 間
裾分一弘	1958.8－1961.3
平田　寛	1962.4－1964.3
勝　国興	1964.4－1965.3
菊竹淳一	1965.4－1965.8
広井純子	1965.10－1968.3
徳山　光	1968.4－1970.10
中江　彬	1970.10－1971.3
錦織亮介	1971.4－1974.3
狩野博幸	1974.4－1976.3

氏　名	在 任 期 間
東谷(目加田)明子	1976.4－1979.3
尾崎直人	1979.4－1983.3
臺信祐爾	1983.4－1984.3
井手誠之輔	1984.4－1987.6
小林法子	1987.7－1991.3
行徳真一郎	1991.4－1994.3
緒方知美	1994.4－1997.3
川上貴子	2004.4－2006.3
石井祐子	2009.7－2010.3

日本史学研究室

氏　名	在 任 期 間
山口宗之	1954.2－1955.12
川添昭二	1956.1－1957.3
瀬野精一郎	1957.4－1960.8
野口喜久雄	1960.10－1963.3
森山恒雄	1963.4－1964.3
恵良　宏	1964.4－1967.3
木原溥幸	1967.4－1968.3
中野　健	1968.4－1972.3
満富真理子	1969.4－1972.3
森本正憲	1972.4－1974.3
上原兼善	1974.4－1976.3
森　茂暁	1975.4－1979.3
田中健二	1979.4－1981.3

氏　名	在 任 期 間
小西秀隆	1981.5－1982.9
佐伯弘次	1982.11－1985.3
上田純一	1985.4－1987.3
真栄平房昭	1987.4－1988.3
松薗　斉	1988.4－1991.3
梶原良則	1991.4－1992.3
木永勝也	1992.4－1994.3
細井浩志	1994.4－1997.3
岩﨑義則	1997.4－1999.3
森　哲也	1999.4－2001.3
末松　剛	2001.4－2002.3
藤岡健太郎	2005.1－2007.3
松尾弘毅	2006.4－2007.3

東洋史学研究室

氏　名	在 任 期 間
船木勝馬	1948.6 – 1949.3
菊池英夫	1957.4 – 1960.3
草野　靖	1960.4 – 1963.3
幸　徹	1964.4 – 1966.3
四島恭子	1966.4 – 1968.3
羽生健一	1968.4 – 1970.3
畑地正憲	1972.4 – 1974.10
紙屋正和	1974.10 – 1976.3
神矢法子	1976.4 – 1980.3

氏　名	在 任 期 間
川本芳昭	1980.4 – 1981.3
冨田健之	1981.4 – 1984.4
城井隆志	1984.5 – 1987.3
野田俊昭	1987.4 – 1991.3
小林　聡	1991.4 – 1995.3
宮嵜洋一	1995.4 – 1998.3
野田　徹	1998.4 – 2000.3
後藤久勝	2000.4 – 2002.3
藤野月子	2013.4 – 2014.3

朝鮮史学研究室

氏　名	在 任 期 間
菅野裕臣	1975.4 – 1977.3
池川英勝	1977.4 – 1979.3
三枝壽勝	1979.4 – 1981.3
松原孝俊	1981.4 – 1985.3
白川　豊	1985.4 – 1989.3
六反田豊	1989.4 – 1992.3

氏　名	在 任 期 間
桑野栄治	1992.4 – 1994.3
山内民博	1994.4 – 1995.3
諸　洪一	1995.4 – 1998.3
李　美子	2002.4 – 2004.3
押川信久	2009.4 – 2010.3

考古学研究室

氏　名	在 任 期 間
渡邉正氣	1958.6 – 1960.1
小田富士雄	1960.1 – 1971.3
佐田　茂	1971.4 – 1975.3
下條信行	1975.4 – 1979.3
木村幾多郎	1979.4 – 1982.4
田崎博之	1982.4 – 1986.3

氏　名	在 任 期 間
藤尾慎一郎	1986.4 – 1988.3
渡辺芳郎	1988.4 – 1992.3
中園　聡	1992.4 – 1996.3
岡田裕之	2002.4 – 2004.3
村野正景	2009.5 – 2010.3
西健一郎(埋文調査室)	1981.4 – 2007.3

西洋史学研究室

氏　名	在 任 期 間
加藤知弘	1953.1 – 1954.3
福本保信	1954.4 – 1956.3
馬場典明	1956.5 – 1959.4
西嶋友厚	1959.7 – 1962.3
西島幸右	1962.4 – 1963.3
野村達朗	1963.4 – 1966.3
古賀秀男	1965.10 – 1968.3
大畑　勝	1968.4 – 1971.4
岸　ちづ子	1971.5 – 1973.6
岡野篤子	1973.8 – 1974.3

氏　名	在 任 期 間
岸　ちづ子	1974.10 – 1976.8
大嶋　誠	1976.9 – 1980.8
松田高史	1980.9 – 1984.7
岡崎　敦	1984.10 – 1987.3
梅津教孝	1987.4 – 1991.3
正本　忍	1991.4 – 1992.9
吉浦麻子	1992.10 – 1996.9
中軽米明子	1997.4 – 1999.3
小山啓子	2004.4 – 2005.9
中堀博司	2005.10 – 2006.3

イスラム文明学研究室

氏　名	在 任 期 間
清水和裕	1995.4 – 1998.3
西村淳一	2004.3 – 2006.3
石黒大岳	2012.4 – 2013.3

国語学・国文学研究室

氏　名	在 任 期 間
森山　隆	1957.4 – 1960.7
白石悌三	1962.4 – 1964.2
原口　裕	1964.3 – 1967.3
海老井英次	1966.7 – 1969.3
金原　理	1967.4 – 1970.3
井上敏幸	1970.5 – 1972.3
福井迪子	1972.4 – 1973.3
田尻英三	1972.4 – 1973.3
添田建治郎	1973.4 – 1973.9
狩野啓子	1973.4 – 1974.3
安田博子	1973.10 – 1974.3
工藤重矩	1974.4 – 1976.3
柏原　卓	1974.4 – 1976.3
中島あや子	1976.4 – 1977.3

氏　名	在 任 期 間
稲川順一	1977.4 – 1979.3
花田俊典	1979.4 – 1980.3
田坂憲二	1980.4 – 1982.3
辛島正雄	1982.4 – 1985.3
飯倉洋一	1985.4 – 1987.3
岡島昭浩	1987.4 – 1989.3
後藤康文	1989.4 – 1989.9
松下博文	1989.10 – 1990.3
坂本浩一	1990.4 – 1992.4
入口敦志	1992.5 – 1995.3
梅崎　光	1995.4 – 1997.3
中村　恵	1997.4 – 1998.3
波多野真理子	1999.4 – 2002.3
松尾弘徳	2006.4 – 2007.3

中国文学研究室

氏　名	在任期間
高畠穰次	1951.4 － 1953.3
松崎治之	1956.4 － 1958.3
小西　昇	1958.4 － 1962.3
林田慎之助	1963.4 － 1965.3
矢島徹輔	1967.4 － 1970.3
合山　究	1970.4 － 1971.3
安東俊六	1971.4 － 1973.6
川北泰彦	1973.7 － 1975.3
阿部泰記	1975.4 － 1978.4
竹村則行	1978.5 － 1979.12
藤井良雄	1980.1 － 1982.3
愛甲弘志	1982.4 － 1983.3

氏　名	在任期間
西村秀人	1983.4 － 1985.3
牧角悦子	1985.4 － 1988.3
柳川順子	1988.4 － 1989.3
東　英寿	1989.4 － 1990.9
西山　猛	1990.10 － 1992.3
明木茂夫	1992.4 － 1995.3
静永　健	1995.4 － 1996.3
岡村真寿美	1996.4 － 1998.3
諸田龍美	1998.4 － 1999.3
黄　冬柏	1999.4 － 2000.3
野田雄史	2000.4 － 2002.3
土屋　聡	2006.4 － 2007.3

英語学・英文学研究室

氏　名	在任期間
和泉　一	1950.5 － 1952.3
逢坂　収	1955.4 － 1957.3
芳賀敬治	1959.4 － 1960.9
八木　幹	1960.10 － 1961.3
木下浩利	1961.6 － 1962.3
丸田裕子	1962.4 － 1964.3
金子　宏	1964.4 － 1965.3
杉山隆一	1965.4 － 1966.3
相浦真紀子	1966.4 － 1966.8
内田和美	1966.9 － 1967.3
松藤貴子	1967.4 － 1968.10
園田喬子	1968.5 － 1971.3
朱雀成子	1970.4 － 1973.3
初井貞子	1971.4 － 1972.3

氏　名	在任期間
馬場(宮内)佐和子	1973.4 － 1976.3
川瀬義清	1976.4 － 1978.3
柳　さよ	1978.4 － 1980.3
宮崎充保	1980.4 － 1981.3
西元宜子	1981.4 － 1984.3
吉村治郎	1984.4 － 1988.3
木原謙一	1988.4 － 1991.3
吉田潤司	1991.4 － 1993.6
大和高行	1993.7 － 1994.3
村尾治彦	1994.4 － 1997.3
松元浩一	1997.4 － 1998.9
中村嘉雄	2002.4 － 2004.3
増冨和浩	2007.4 － 2008.3

独文学研究室

氏　名	在 任 期 間
清水健次	1954.3 – 1959.3
森田　弘	1959.4 – 1960.3
樋口忠治	1960.4 – 1964.3
田中正則	1964.4 – 1965.3
米沢　充	1965.4 – 1967.3
池田紘一	1967.4 – 1969.4
高田　淑	1969.4 – 1972.3
池田利紀	1972.4 – 1973.7
吉中幸平	1973.10 – 1975.3
安藤秀國	1975.4 – 1978.9
岡本　治	1978.10 – 1979.9

氏　名	在 任 期 間
堤　博美	1979.11 – 1981.3
大羽　武	1981.4 – 1985.3
金山正道	1985.4 – 1987.3
石橋邦俊	1987.4 – 1991.3
岩本真理子	1991.4 – 1994.3
野口達人	1994.4 – 1997.3
小黒康正	1997.4 – 2001.3
堺　雅志	2002.4 – 2004.3
坂本彩希絵	2011.4 – 2012.3
下薗りさ	2014.4 →

仏文学研究室

氏　名	在 任 期 間
有田忠郎	1958.6 – 1963.3
中村(永淵)栄子	1963.4 – 1965.3
山口俊夫	1965.4 – 1967.3
福元啓二郎	1967.4 – 1968.3
花田(大和)淳子	1968.4 – 1969.3
筒井(西元寺)重子	1969.4 – 1971.5
水本弘文	1971.5 – 1975.3
田中(山田)陽子	1975.4 – 1978.3
古賀　豊	1978.4 – 1979.3

氏　名	在 任 期 間
鹿毛憲一	1979.5 – 1981.3
寺迫正廣	1981.4 – 1982.3
寺迫(吉田)紀子	1982.4 – 1985.3
田島俊郎	1985.4 – 1987.3
西森和広	1987.4 – 1989.3
大橋絵理	1989.4 – 1992.3
髙木信宏	1992.4 – 1996.3
木下樹親	2004.4 – 2006.3
安藤智子	2012.4 – 2013.3

言語学・応用言語学研究室

氏　名	在 任 期 間
塩塚廣子	1966.4 – 1969.3
西　義郎	1970.4 – 1972.3
平野尊識	1972.4 – 1975.9
塚本明廣	1974.4 – 1978.3
綾部裕子	1978.4 – 1980.3
田村　宏	1980.4 – 1982.3
陣内正敬	1982.4 – 1985.11
大里泰弘	1985.11 – 1989.3

氏　名	在 任 期 間
久保智之	1989.4 – 1990.9
有元光彦	1990.10 – 1992.3
馮　蘊澤	1992.4 – 1994.3
有田節子	1994.4 – 1996.9
金城由美子	1996.10 – 1997.9
西岡いずみ	2004.4 – 2006.3
山本将司	2009.6 – 2010.3

地理学研究室

氏　名	在　任　期　間
岡橋秀典	1980.11 – 1983.3
熊谷圭知	1983.4 – 1985.3
水内俊雄	1985.4 – 1988.3
水野　勲	1988.4 – 1992.3

氏　名	在　任　期　間
遠城明雄	1992.4 – 1995.3
大城直樹	1995.4 – 1995.9
阿部康久	2004.4 – 2006.3
申　英根	2013.6 – 2014.3

心理学研究室

氏　名	在　任　期　間
船津隆行	1951.5 – 1952.3
新村　豊	1952.4 – 1953.10
牟田泰祥	1957.4 – 1960.3
黒田輝彦	1960.4 – 1963.3
大村英子	1963.9 – 1964.3
園田五郎	1964.4 – 1967.4
山岡哲雄	1967.4 – 1970.3
田中吉資	1969.4 – 1971.3
中溝幸夫	1970.4 – 1972.11
西山佐代子	1971.4 – 1973.4
松永勝也	1972.12 – 1977.3

氏　名	在　任　期　間
松田君彦	1973.5 – 1975.3
高下保幸	1974.12 – 1977.3
朝長昌三	1975.4 – 1979.3
渋田幸一	1979.4 – 1983.3
大坪治彦	1983.4 – 1984.3
近藤倫明	1984.4 – 1987.3
木藤恒夫	1987.4 – 1991.3
北村文昭	1991.4 – 1994.3
柳田多聞	1994.4 – 1996.3
安田岳美	1994.5 – 1996.3
安藤満代	1996.4 – 1998.3

比較宗教学研究室

氏　名	在　任　期　間
坂井信生	1957.4 – 1960.3
伊藤芳枝	1960.4 – 1963.3
高原信一	1963.4 – 1965.3
坂井信生	1965.4 – 1966.3
牧　正美	1966.4 – 1967.3
岩田啓靖	1967.4 – 1971.3
牧　正美	1971.4 – 1972.3

氏　名	在　任　期　間
安元正也	1972.4 – 1976.3
古賀和則	1976.4 – 1978.3
笠井正弘	1978.4 – 1982.3
中別府温和	1982.4 – 1985.3
安達義弘	1985.4 – 1988.3
田中哲也	1988.4 – 1992.3
高野誠司	1992.4 – 1996.3

社会学・地域福祉社会学研究室

氏　名	在任期間
山本陽三	1956.4 − 1958.11
野口英子	1959.4 − 1960.4
土居　平	1960.5 − 1965.3
吉原恵美子	1965.4 − 1966.4
坂本喜久雄	1967.4 − 1969.3
三浦典子	1969.4 − 1972.3
井上　寛	1973.4 − 1976.3
米澤和彦	1976.4 − 1978.3
小谷(三浦)典子	1978.4 − 1979.10
佐々木　衞	1979.11 − 1981.3
田代(天野)英美	1981.4 − 1982.3

氏　名	在任期間
林　顯宗	1982.5 − 1982.8
谷　富夫	1983.2 − 1984.3
中西吉則	1984.4 − 1987.3
江頭大蔵	1987.4 − 1988.3
徳永　勇	1988.4 − 1990.3
稲月　正	1990.4 − 1991.3
平田　暢	1991.4 − 1992.3
鈴木玉緒	1992.4 − 1993.3
山下祐介	1993.5 − 1994.9
速水(平野)聖子	1994.11 − 1997.10
室井研二	1997.11 − 1998.3

九州文化史研究所・附属九州文化史研究施設

氏　名	在任期間
三木俊秋	1956.10 − 1967.3
木村忠夫	1967.4 − 1973.3
黒田安雄	1973.4 − 1980.3
楠本美智子	1974.10 − 1994.6

氏　名	在任期間
柴多一雄	1980.4 − 1985.3
高野信治	1985.4 − 1989.3
宮崎克則	1989.4 − 1994.6

備考
1. 本表は2014（平成26）年4月1日現在で作成した。
2. 各研究室から提出された名簿をもとに，貝塚地区事務部総務課資料等によって補訂を加えた。氏名は，原則として研究室から提出された通りに示した。
3. 2007年4月1日から，助手は助教と名称変更され，人文科学研究院全体の業務を行うこととなった。

3　部局長一覧

法文学部長

氏　名	在任期間
美濃部達吉	大13.10.11－昭2.10.8 扱
四宮兼之	昭2.10.8－昭3.2.18
春日政治	昭3.2.18－昭4.3.15
大森研造	昭4.3.15－昭6.2.28
西山重和	昭6.2.28－昭7.2.29
鹿子木員信	昭7.2.29－昭8.2.28
大沢　章	昭8.2.28－昭9.2.28
豊田　實	昭9.2.28－昭10.2.28
三田村一郎	昭10.2.28－昭11.3.2
阿武京二郎	昭11.3.2－昭12.3.1
長沼賢海	昭12.3.1－昭13.3.1
河村又介	昭13.3.1－昭14.7.10
松濤泰巖	昭14.7.10－昭15.7.1
髙木市之助	昭15.7.1－昭17.5.19
佐久間　鼎	昭17.5.19－昭18.7.31
菊池勇夫	昭18.7.31－昭20.6.30
竹岡勝也	昭20.6.30－昭20.12.31
不破武夫	昭20.12.31－昭22.1.31
森　耕二郎	昭22.1.31－昭24.3.31

文学部長

氏　名	在任期間
千潟龍祥	昭24.4.1－昭24.7.16 扱, 昭24.7.16－昭28.7.15
中山竹二郎	昭28.7.16－昭30.7.16
進藤誠一	昭30.7.16－昭32.6.30
目加田　誠	昭32.7.1－昭36.6.30
滝沢克己	昭36.7.1－昭38.6.30
目加田　誠	昭38.7.1－昭39.4.1
前川俊一	昭39.4.1－昭41.6.30
谷口鐵雄	昭41.7.1－昭43.6.30
中村幸彦	昭43.7.1－昭43.11.1
谷口鐵雄	昭43.11.1－昭43.11.16 扱

文学部長（続き）

氏　名	在任期間
鬼頭英一	昭43.11.16－昭44.6.9
谷口鐵雄	昭44.6.9－昭44.7.1 扱, 昭44.7.1－昭44.12.1
中村幸彦	昭44.12.1－昭45.4.1 扱
伊原照蓮	昭45.4.1－昭45.10.25 扱
内藤莞爾	昭45.10.25－昭46.11.1
荒木見悟	昭46.11.1－昭47.7.1
岡村　繁	昭47.7.1－昭49.6.30
西田越郎	昭49.7.1－昭51.6.30
越智重明	昭51.7.1－昭53.6.30
今井源衛	昭53.7.1－昭55.6.30
船津孝行	昭55.7.1－昭57.6.30
稲垣良典	昭57.7.1－昭59.6.30
松永雄二	昭59.7.1－昭61.6.30
横山浩一	昭61.7.1－昭63.6.30
平田　寛	昭63.7.1－平2.6.30
鈴木　廣	平2.7.1－平4.6.30
中野三敏	平4.7.1－平6.6.30
野澤秀樹	平6.7.1－平8.6.30
薗井英秀	平8.7.1－平10.6.30
菊竹淳一	平10.7.1－平12.3.31

人文科学研究院長

氏　名	在任期間
菊竹淳一	平12.4.1－平12.6.30
池田紘一	平12.7.1－平14.6.30
今西裕一郎	平14.7.1－平16.3.31
川本芳昭	平16.4.1－平18.3.31
稲田俊明	平18.4.1－平20.3.31
柴田　篤	平20.4.1－平22.3.31
髙木彰彦	平22.4.1－平24.3.31
髙山倫明	平24.4.1－平26.3.31
坂上康俊	平26.4.1→

備考
1. 本表は 2014（平成 26）年 4 月 1 日現在で作成した。
2. 1986（昭和 61）年 5 月 10 日までの人事情報は『九州大学七十五年史』別巻に依拠し、それ以降については『九大学報』、『九州大学学報』、『九州大学一覧』、「評議会議事録」、総務部人事課提供データおよび貝塚地区事務部総務課資料による。
3. 扱＝事務取扱を示す。

4 評議員・副研究院長一覧

評議員 法文学部

氏 名	在 任 期 間
東 季彦	大14.4.1－大15.11.22
大島直治	大14.4.1－大15.11.22
木村亀二	大15.11.22－昭2.3.25
向坂逸郎	大15.11.22－昭3.3.14
西山重和	昭2.3.25－昭3.7.6
高田保馬	昭3.3.14－昭4.5.1
野津 務	昭3.7.6－昭4.7.12
松濤泰厳	昭4.5.1－昭5.5.9
西山重和	昭4.7.12－昭5.4.8
大沢 章	昭5.4.8－昭6.3.25
重松俊章	昭5.5.9－昭6.5.7
三田村一郎	昭6.3.25－昭7.3.29
鹿子木員信	昭6.5.7－昭7.2.29
今中次麿	昭7.3.15－昭8.3.30
大森研造	昭7.3.29－昭8.3.30
竹内謙二	昭8.3.30－昭8.6.28
長沼賢海	昭8.3.30－昭9.3.17
三田村一郎	昭8.6.28－昭9.6.29
河村又介	昭9.3.17－昭10.3.14
森 耕二郎	昭9.6.29－昭10.3.14
宇賀田順三	昭10.3.14－昭11.3.26
小牧健夫	昭10.3.14－昭12.3.20
波多野 鼎	昭11.3.26－昭12.4.2
菊池勇夫	昭12.3.20－昭13.3.19
三田村一郎	昭12.4.2－昭13.4.20
佐久間 鼎	昭13.3.19－昭14.10.24
森 耕二郎	昭13.4.20－昭16.4.20
舟橋諄一	昭14.10.24－昭17.10.23
波多野 鼎	昭16.4.21－昭19.4.20＊
不破武夫	昭17.10.24－昭18.9.20
佐久間 鼎	昭18.9.20－昭20.9.27
三田村一郎	昭19.4.21－昭21.3.23
不破武夫	昭20.9.27－昭20.12.31
森 耕二郎	昭21.6.10－昭22.1.31
干潟龍祥	昭21.9.30－昭23.7.15
田中和夫	昭22.1.31－昭23.7.15
進藤誠一	昭23.7.15－昭24.3.31
舟橋諄一	昭23.7.15－昭24.3.31

評議員 文学部

氏 名	在 任 期 間
進藤誠一	昭24.4.1－昭25.9.30
楠本正継	昭24.4.1－昭26.5.31
中山竹二郎	昭25.9.30－昭28.3.31
進藤誠一	昭26.6.1－昭30.7.16
目加田 誠	昭28.4.1－昭30.4.1
古野清人	昭30.4.1－昭31.11.15
目加田 誠	昭30.7.16－昭32.7.1
日野開三郎	昭31.11.16－昭32.3.31
滝沢克己	昭32.4.1－昭36.7.1
進藤誠一	昭32.7.1－昭35.4.1
日野開三郎	昭35.4.1－昭36.3.31
松濤誠廉	昭36.4.1－昭40.3.31
前川俊一	昭36.7.1－昭39.4.1
箭内健次	昭39.4.1－昭42.3.31
谷口鐵雄	昭40.4.1－昭41.7.1
前川俊一	昭41.7.1－昭42.3.31
中村幸彦	昭42.4.1－昭43.7.1
日野開三郎	昭42.4.1－昭43.7.1
永田英一	昭43.7.1－昭43.11.25
山本清幸	昭43.7.1－昭43.11.25
伊原照蓮	昭43.11.25－昭44.3.31
岡村 繁	昭43.11.25－昭44.3.31
荒木見悟	昭44.4.1－昭44.7.25
春日和男	昭44.4.1－昭44.7.25
内藤莞爾	昭44.7.25－昭44.12.1
中村幸彦	昭44.7.25－昭44.12.1
伊原照蓮	昭44.12.1－昭45.5.1
野村暢清	昭44.12.1－昭45.11.1
中村幸彦	昭45.5.1－昭46.3.31
岡村 繁	昭45.11.1－昭47.7.1
荒木見悟	昭46.4.1－昭46.11.1
西田越郎	昭46.11.1－昭49.7.1
伊原照蓮	昭47.7.1－昭50.3.31
越智重明	昭49.7.1－昭52.6.30
春日和男	昭50.4.1－昭52.3.31
今井源衛	昭51.7.1－昭53.7.1
船津孝行	昭52.4.1－昭55.7.1
稲垣良典	昭53.7.1－昭57.7.1

評議員 文学部（続き）

氏 名	在 任 期 間
川添昭二	昭55.7.1－昭57.7.1
松永雄二	昭57.7.1－昭59.7.1
森 洋	昭57.7.1－昭60.3.31
横山浩一	昭59.7.1－昭61.7.1
川添昭二	昭60.4.1－昭62.3.31＊
奥村三雄	昭61.7.1－昭62.3.31＊
鈴木 廣	昭62.4.1－平2.7.1
平田 寛	昭62.4.1－昭63.7.1
町田三郎	昭63.7.1－平3.3.31＊
中野三敏	平2.7.1－平4.7.1
戸崎宏正	平3.4.1－平4.3.31
野澤秀樹	平4.4.1－平6.6.30
伊藤利男	平4.7.1－平5.3.31＊
坂井信生	平5.4.1－平7.3.31
中村 質	平6.7.1－平7.3.31
菊竹淳一	平7.4.1－平10.6.30
園井英秀	平7.4.1－平8.7.1
池田紘一	平8.7.1－平12.6.30
谷 隆一郎	平10.7.1－平16.3.31
今西裕一郎	平12.7.1－平14.6.30
川本芳昭	平14.7.1－平16.3.31
稲田俊明	平16.4.1－平18.3.31
柴田 篤	平18.4.1－平20.3.31
髙木彰彦	平20.4.1－平22.3.31
髙山倫明	平22.4.1－平24.3.31
坂上康俊	平24.4.1－平26.3.31
岡野 潔	平26.4.1→

副研究院長 大学院人文科学研究院

氏 名	在 任 期 間
圓谷裕二	平16.4.1－平18.3.31
高木彰彦	平18.4.1－平20.3.31
髙山倫明	平20.4.1－平22.3.31
後小路雅彦	平22.4.1－平24.3.31
岡野 潔	平24.4.1－平26.3.31
久保智之	平26.4.1→

備考
1. 本表は 2014（平成 26）年 4 月 1 日現在で作成した。
2. 教授評議員のみを掲載した。なお，評議員と施設長を併任する場合も教授評議員として採録した。ただし，評議員と同時に学部長等を併任している場合は教授評議員として採録しなかった。
3. 2004 年度から教授評議員は 1 名となり，副研究院長を兼ね，新たに人文科学研究院長の指名による副研究院長 1 名が置かれた。
4. 就任，辞任の日付は発令日を記載した。なお，評議員の任期について履歴書中もしくは学報などにその記載がない場合は，前任者の辞任の翌日をもって就任の日，後任者の発令の前日をもって辞任の日とし，その日付に＊印をつけた。
5. 1986（昭和 61）年 5 月 10 日までの人事情報は『九州大学七十五年史』別巻に依拠し，それ以降については『九大学報』，『九州大学学報』，『九州大学一覧』，「評議会議事録」，総務部人事課提供データおよび貝塚地区事務部総務課資料による。

5　附属九州文化史研究施設長一覧

氏　名	在　任　期　間
箭内健次	昭40.4.1－昭42.3.31
杉本　勲	昭42.4.1－昭46.3.31
谷口鐵雄	昭46.4.1－昭48.3.31
岡村　繁	昭48.4.1－昭50.3.31

氏　名	在　任　期　間
藤野　保	昭50.4.2－昭58.3.31
横山浩一	昭58.4.1－昭62.3.31
丸山雍成	昭62.4.1－平6.6.23

備考
1. 1986（昭和61）年5月10日までの人事情報は『九州大学七十五年史』別巻に依拠し、それ以降については『九大学報』、『九州大学学報』、『九州大学一覧』、「評議会議事録」、総務部人事課提供データおよび貝塚地区事務部総務課資料による。

6　理事・副学長一覧

理事

氏　名	在　任　期　間
今西裕一郎	平16.4.1－平17.11.6

副学長

氏　名	在　任　期　間
野澤秀樹	平13.11.7－平16.3.31
今西裕一郎	平16.4.1－平17.11.6, 平20.10.1－平21.3.31
川本芳昭	平22.4.1→

備考
1. 本表は理事・副学長に就任した人文科学研究院の教官・教員一覧である。
2. 本表は2014（平成26）年4月1日現在で作成した。
3. 『九州大学学報』、『九州大学概要』、総務部人事課提供データおよび貝塚地区事務部総務課資料による。

Ⅰ　人事資料

7 附属図書館長一覧

文科・文学部	氏　名	在　任　期　間
	小川政修	大11.7.17－大14.4.20
○	長　壽吉	大14.4.20－昭2.5.27
○	佐久間　鼎	昭2.5.27－昭4.6.18
○	長　壽吉	昭4.6.18－昭6.7.11
○	豊田　實	昭6.7.11－昭9.2.23
	西山重和	昭9.2.23－昭11.3.2
○	春日政治	昭11.3.2－昭13.4.2
○	佐野勝也	昭13.4.2－昭15.4.18
○	干潟龍祥	昭15.4.18－昭17.4.20
○	竹岡勝也	昭17.4.20－昭19.5.18
○	楠本正継	昭19.5.18－昭21.6.4
○	進藤誠一	昭21.6.4－昭23.6.15
	金田平一郎	昭23.6.15－昭24.10.7
○	進藤誠一	昭24.10.7－昭24.12.20 扱
○	古野清人	昭24.12.20－昭28.12.23
	栗村雄吉	昭28.12.23－昭32.12.23
	青山道夫	昭32.12.23－昭36.12.23
	北川敏男	昭36.12.23－昭42.12.22
	伊藤不二男	昭42.12.22－昭45.2.8
	高木暢哉	昭45.2.9－昭48.2.8
	松浦良平	昭48.2.9－昭49.7.16
	田中武英	昭49.7.16－昭52.7.15
○	岡村　繁	昭52.7.16－昭55.7.15
	塚原　博	昭55.7.16－昭58.7.15
	高野桂一	昭58.7.16－昭61.7.15
	平嶋義宏	昭61.7.16－平1.3.31
	市村昭三	平1.4.1－平4.3.31
	村上幸人	平4.4.1－平7.3.31
	小山　勉	平7.4.1－平10.3.31
	有川節夫	平10.4.1－平16.3.31
○	今西裕一郎	平16.4.1－平17.11.6
	有川節夫	平17.11.7－平20.9.30
	丸野俊一	平20.10.1－平22.9.30
○	川本芳昭	平22.10.1→

備考
1. 本表は2012（平成24）年4月1日現在で作成した。
2. 1986（昭和61）年5月10日までの人事情報は『九州大学七十五年史』別巻に依拠し、それ以降については『九大学報』、『九州大学学報』、『九州大学一覧』、「評議会議事録」、総務部人事課提供データおよび貝塚地区事務部総務課資料による。
3. 扱＝事務取扱を示す。
4. ○＝文科・文学部関係者を示す。

8 学生部長一覧

氏　名	在任期間
舟橋諄一	昭21.9.13－昭23.6.30
田中　定	昭23.6.30－昭23.8.18 扱, 昭23.8.18－昭24.6.30
高橋義孝	昭39.10.16－昭40.1.16
内藤莞爾	昭40.1.16－昭41.9.30
川添昭二	昭57.10.1－昭59.9.30

備考
1. 本表は学生部長に就任した法文学部・文学部の教官一覧である。
2. 『九州大学七十五年史』別巻に依拠した。
3. 扱＝事務取扱を示す。

II 統計資料

1 学生数

①法文学部・大学院学生数（1925～1948年度）

年　度	学生生徒現員数				卒業者数			
	大学院学生	学生	生徒	計	大学院学生	学生	生徒	計
1925 （大正14）		186 △4	37 △1	223 △5				
1926 （大正15）		431 △12	61 △3	492 △15				
1927 （昭和2）		771 △16	147	918 △16		161 △3		161 △3
1928 （昭和3）	12 △1	842 △19	74 △2	928 △22		233 △7		233 △7
1929 （昭和4）	21 △3	845 △17	23	889 △20		288 △2	6	294 △2
1930 （昭和5）	25 △3	771 △15	19 △2	815 △20	8	291 △6		299 △6
1931 （昭和6）	39 △2	745 △14	20	804 △16	6 △2	232 △8		238 △10
1932 （昭和7）	20 △1	751 △10	19	790 △11	8 △1	207 △3	3	218 △4
1933 （昭和8）	19 △1	735 △12	19	773 △13	2	251 △3	2	255 △3
1934 （昭和9）	10	678 △14	19 △2	707 △16	10	249 △4	1	260 △4
1935 （昭和10）	15 △1	640 △11*5	9 △17*2	681 △30*6	3	206 △5*2	2	211 △5*2
1936 （昭和11）	12 △2	626 △6*5	6 △27	644 △35*5	3	188 △4*4		191 △4*4
1937 （昭和12）	15 △2	559 △3*5	7 △19	581 △24*5	2 △1	207 △1		209 △2
1938 （昭和13）	7 △2	447 △3*6	8 △17△1	462 △22△1*6	3	165 *2		168 *2
1939 （昭和14）	4 △2	432 △4*4	5 △19△1*1	441 △26△1*5	2	150 *2	1	153 *2
1940 （昭和15）	5 △2	532 △3*2	5 △19△1*1	542 △24△1*3		98 *1		98 *1
1941 （昭和16）	△2	440 △2*2	10 △20△1*1	450 △25*3		172		172
1942 （昭和17）	8 △2	830 △9*4	10 △20△1	848 △32△1*4		224 *1		224 *1
1943 （昭和18）	23 △2	1,132 △9*3	34 △21	1,189 △32*3		174 *2	1	175 *2

170　資料編

	入学志願者数				入学者数		
大学院学生	学生	生徒	計	大学院学生	学生	生徒	計
	394	46	440		198	37	235
	△7	△1	△8		△4	△1	△5
	624	207	831		292	146	438
	△16	△7	△23		△8	△5	△13
	625	216	841		354	147	501
	△11		△11		△5		△5
13	687	251	951	13	341	110	464
△1	△11	△3	△15	△1	△6	△2	△9
14	609	62	685	14	306	13	333
△5	△11		△16	△5	△7		△12
19	581	79	679	19	298	12	329
△2	△7	△2	△11	△2	△4	△2	△8
28	568	67	663	28	326	8	362
△1	△5		△6	△1	△4		△5
13	471	57	541	13	305	11	329
△1	△5		△6	△1	△3		△4
10	414	49	473	9	256	9	274
△6	△6		△12	△2	△5		△7
9	401	46	456	9	223	4	236
	△7	△2	△9		△5	△2	△7
16	478	44	538	14	258	3	275
△2	△2*6	△29	△33*6	△1	△1*1	△21*2	△23*3
10	448	38	496	10	217	4	231
△2	*3	△36	△38*3	△1	*3	△21	△22*3
12	414	27	453	11	152	3	166
△1	△3*4	△22	△26*4	△1	△2*3	△11	△14*3
3	321	16	340	3	105	2	110
	*1		*1		*1		*1
2	325	18	345	2	170	1	173
	△1*2	△3*1	△4*3		△1	△3*1	△4*1
3	546	34	583	3	261	2	266
	△1*1	△2*1	△3*2		*1	△2	△2*1
	831	32	863		183	5	188
	△1*5	*1	△1*6		△1*1		△1*1
8	985	71	1,064	8	642	6	656
	△9*4	△4*1	△13*5		△9*3	△4	△13*3
17	316	23	356	13	302	3	318
	△7		△7		△7		△7

年度	学生生徒現員数 大学院学生	学生	生徒	計	卒業者数 大学院学生	学生	生徒	計
1944 (昭和19)	20 △2	1,197 △5*8	12 △18△*2	1,229 △27*8	1	252 △1	1	254 △1
1945 (昭和20)	5 △2	1,031 △29△*1*7				55		
1946 (昭和21)	23 △2	1,273 △21△*6	8 △19△*1	1,304 △42△*1*6				
1947 (昭和22)	30	1,265 △3*7	10	1,305 △3*7	4		369 △6*2	373 △6*2
1948 (昭和23)	57 *1	1,110 △6*9	13	1,180 △6*10	6	182 *2		188 *2

備考
1.『文部省年報』により作成した。一部不整合な数値もあるがそのまま記載し、不明な部分は空欄とした。
2.△印は外国人数, *印は女子数を示しともに外数である。

②旧制文学部・大学院学生数（1949～1959年度）

年度	学生生徒現員数 大学院学生	学生	生徒	計	卒業者数 大学院学生	学生	生徒	計
1949 (昭和24)	34 *2	217 *7	36 *28	287 *37	8	44 *1		52 *1
1950 (昭和25)	40 *1	270 △1*12	33 *16	343 △1*29	6	51 *2	1	58 *2
1951 (昭和26)	41 *2	195 △1*9	15 *19	251 △1*30	4	67 *3		
1952 (昭和27)	36 *1	118 △1*6	1	155 △1*7	4	81 *5		
1953 (昭和28)	49 *1	30 *1	13 *1	92 *3		16		
1954 (昭和29)	33 △1*3		16	50 △1*3				
1955 (昭和30)	26 △1*2							
1956 (昭和31)	8							
1957 (昭和32)	4							
1958 (昭和33)	2							
1959 (昭和34)	0							

備考
1.「学校基本調査」により作成し、『九州大学概要』で補った。一部不整合な数値もあるがそのまま記載し、不明な部分は空欄とした。
2.△印は外国人数, *印は女子数を示しともに外数である。

	入学志願者数			入学者数			
大学院学生	学生	生徒	計	大学院学生	学生	生徒	計
3	386	10	399	3	211	2	216
	△2*7	△1△*1	△4*7		△1*5	△1△*1	△3*5
	317				239		
	△4*4				△4		
	457		457	12	243		255
	*4		*4		*2		*2
	698		698	19	329	10	358
	△7*8		△7*8	*1	△6*5		△6*6

3. 1947（昭和22）年度の卒業学生・卒業生徒数は，両者の合計されたものしか明らかでないため，（　）を付して示した。
4. 大学院学生数の1946・47年度には特別研究生を含む。
5. 1946年度の大学院学生・学生・生徒には合計1,352人のほかに「外人」5人がいる。

	入学志願者数			入学者数			
大学院学生	学生	生徒	計	大学院学生	学生	生徒	計
12	216	46	274	11	76	31	143
*1	*11	*29	*41	*1	*3	*28	*7
	386	30	416	16	99	30	145
	*21	*16	*37		△1*7	*16	△1*23
				10			
				*1			
				20			
3				3			
*2				*2			

3. 大学院学生数の1949（昭和24）・50年度には特別研究奨学生を，1951～57年度には大学院研究奨学生をそれぞれ含む。

③文学部学生数（1949〜2011年度）

年　　度	入学定員	志願者	入学者	在学者
1949（昭和24）	135	322（　5）	135（　2）	135（　2）
1950（昭和25）	135	714（ 21）	140（　4）	271（　6）
1951（昭和26）	135	624（ 28）	157（ 10）	359（ 17）
1952（昭和27）	135	914（ 41）		352（ 31）
1953（昭和28）	135	747（ 56）	138（ 15）	480（ 44）
1954（昭和29）	135			212（ 34）
1955（昭和30）	135	481（ 57）	90（ 21）	250（ 43）
1956（昭和31）	135	501（ 87）	128（ 30）	484（113）
1957（昭和32）	135	458（ 83）	130（ 28）	511（114）
1958（昭和33）	135	411（ 83）	129（ 26）	525（110）
1959（昭和34）	135	463（ 96）	123（ 39）	535（120）
1960（昭和35）	135	556（129）	123（ 49）	543（145）
1961（昭和36）	135	625（172）	135（ 51）	537（165）
1962（昭和37）	135	719（202）	134（ 60）	537（199）
1963（昭和38）	135	716（258）	128（ 61）	553（223）
1964（昭和39）	135	555（119）	132（ 67）	562（245）
1965（昭和40）	135	509（205）	132（ 75）	564（270）
1966（昭和41）	135	519（226）	124（ 77）	556（283）
1967（昭和42）	135	509（204）	136（ 70）	563（290）
1968（昭和43）	135	424（199）	133（ 72）	567（299）
1969（昭和44）	135	492（204）	129（ 64）	567（293）
1970（昭和45）	135	574（230）	124（ 58）	607（296）
1971（昭和46）	135	499（234）	125（ 63）	587（271）
1972（昭和47）	135	505（251）	124（ 72）	581（279）
1973（昭和48）	135	477（236）	133（ 73）	582（284）
1974（昭和49）	140	517（263）	135（ 69）	585（285）
1975（昭和50）	140	538（309）	139（ 74）	600（301）
1976（昭和51）	140	613（352）	138（ 90）	610（311）
1977（昭和52）	140	600（321）	137（ 84）	619（328）
1978（昭和53）	140	591（293）	137（ 72）	612（326）
1979（昭和54）	140	288（129）	142（ 78）	612（333）
1980（昭和55）	140	344（148）	138（ 74）	604（318）
1981（昭和56）	140	342（148）	138（ 84）	602（313）
1982（昭和57）	140	268（107）	144（ 68）	609（310）
1983（昭和58）	140	294（143）	150（ 93）	602（321）
1984（昭和59）	140	256（137）	143（ 91）	605（337）
1985（昭和60）	140	242（129）	143（ 91）	621（351）
1986（昭和61）	140	257（147）	142（ 94）	613（373）

年　度	入学定員	志願者	入学者	在学者
1987（昭和62）	160	487（285）	166（114）	640（398）
1988（昭和63）	160	603（320）	159（ 99）	654（408）
1989（平成元）	160	461（272）	181（119）	677（435）
1990（平成 2）	160	692（373）	161（107）	702（448）
1991（平成 3）	170	659（340）	169（105）	711（445）
1992（平成 4）	180	741（352）	180（109）	737（452）
1993（平成 5）	180	833（391）	180（114）	744（449）
1994（平成 6）	180	758（394）	183（101）	755（436）
1995（平成 7）	170	800（419）	175（107）	759（437）
1996（平成 8）	170	671（341）	181（106）	755（433）
1997（平成 9）	170	748（414）	176（116）	761（445）
1998（平成10）	160	666（357）	168（101）	747（445）
1999（平成11）	160	652（363）	168（108）	753（453）
2000（平成12）	160	668（388）	167（102）	742（446）
2001（平成13）	160	672（381）	165（105）	736（437）
2002（平成14）	160	640（397）	170（110）	736（439）
2003（平成15）	160	634（390）	164（117）	720（451）
2004（平成16）	160	666（439）	164（113）	728（465）
2005（平成17）	160	609（440）	166（128）	705（480）
2006（平成18）	160	694（436）	165（119）	706（494）
2007（平成19）	160	603（403）	161（110）	707（491）
2008（平成20）	160	774（470）	168（112）	714（496）
2009（平成21）	160	685（431）	163（111）	717（483）
2010（平成22）	160	666（395）	166（106）	721（477）
2011（平成23）	160	572（353）	171（115）	726（476）

備考
1. 本表は2012（平成24）年3月31日現在で作成した。
2. 「学校基本調査」により作成し，総務部人事課提供データで補った。不明な部分は空欄とした。
3. （　）は女性数を示し内数である。

④大学院文学研究科・人文科学府修士課程学生数（1953～2011年度）

文学研究科

年　度	入学定員	志願者	本学	その他	入学者	本学	その他	在学者
1953(昭和28)	40	31(4)			22(3)			22(3)
1954(昭和29)	40	36(2)			25(1)			44(4)
1955(昭和30)	40	41(7)			28(4)			60(7)
1956(昭和31)	40	57(10)			30(7)			65(11)
1957(昭和32)	40	37(4)			22(3)			58(9)
1958(昭和33)	40	41(3)			25(3)			56(10)
1959(昭和34)	40	44(6)			25(5)			59(8)
1960(昭和35)	40	38(6)			23(3)			63(8)
1961(昭和36)	40	41(5)			31(5)			57(9)
1962(昭和37)	40	37(4)			21(2)			58(10)
1963(昭和38)	40	37(5)			23(2)			61(9)
1964(昭和39)	40	46(6)			33(5)			64(8)
1965(昭和40)	40	46(11)	25(6)	21(5)	31(6)	22(4)	9(2)	70(13)
1966(昭和41)	42	56(17)	26(10)	30(7)	29(12)	20(9)	9(3)	68(19)
1967(昭和42)	42	69(13)	23(5)	37(8)	36(9)	20(5)	16(4)	63(0)
1968(昭和43)	44	74(17)	29(8)	45(9)	42(10)	22(8)	20(2)	85(22)
1969(昭和44)	44	83(17)	33(6)	50(11)	50(9)	29(3)	21(6)	104(21)
1970(昭和45)	44	79(23)	20(10)	59(13)	34(14)	15(9)	19(5)	100(25)
1971(昭和46)	44	80(25)	26(11)	54(14)	35(13)	20(9)	15(4)	93(34)
1972(昭和47)	46	89(16)	27(2)	62(14)	31(2)	17(1)	14(1)	88(23)
1973(昭和48)	46	85(19)	29(6)	56(13)	28(7)	15(5)	13(2)	78(18)
1974(昭和49)	46	78(12)	34(4)	43(7)	37(6)	19(2)	17(4)	79(16)
1975(昭和50)	46	113(24)	34(6)	79(18)	37(4)	22(3)	15(1)	80(12)
1976(昭和51)	46	108(23)	36(9)	72(14)	26(4)	19(3)	7(1)	71(12)
1977(昭和52)	46	96(13)	31(7)	65(6)	32(7)	21(6)	11(1)	
1978(昭和53)	48	98(15)	38(8)	60(7)	35(8)	22(7)	13(1)	
1979(昭和54)	48	84(22)	35(7)	49(15)	35(10)	21(5)	14(5)	
1980(昭和55)	48	85(19)	33(8)	52(11)	32(6)	19(5)	13(1)	
1981(昭和56)	48	92(28)	37(12)	55(16)	33(14)	22(9)	11(5)	
1982(昭和57)	48	88(15)	38(4)	50(11)	39(6)	25(3)	14(3)	
1983(昭和58)	48	87(20)	32(9)	55(11)	34(10)	21(8)	13(2)	
1984(昭和59)	48	93(26)	34(13)	59(13)	43(12)	24(9)	19(3)	
1985(昭和60)	48	102(32)	31(9)	71(23)	44(10)	18(2)	26(8)	
1986(昭和61)	48	121(32)	48(13)	73(19)	51(15)	32(8)	19(7)	
1987(昭和62)	48	119(39)	39(12)	80(27)	45(17)	23(9)	22(8)	
1988(昭和63)	48	88(30)	30(9)	58(21)	31(11)	12(4)	19(7)	
1989(平成元)	48	114(44)	44(16)	70(28)	52(18)	30(12)	22(6)	
1990(平成 2)	48	87(35)	44(15)	43(20)	35(14)	23(7)	12(7)	
1991(平成 3)	48	72(25)	27(10)	45(15)	33(12)	19(7)	14(5)	
1992(平成 4)	48	102(48)	29(10)	73(38)	47(19)	16(6)	31(13)	
1993(平成 5)	48	94(49)	41(18)	53(31)	33(15)	20(8)	13(7)	

文学研究科（続き）

年　度	入学定員	志願者	本学	その他	入学者	本学	その他	在学者
1994(平成 6)	48	108(48)	40(13)	68(35)	47(27)	20(10)	27(17)	
1995(平成 7)	48	82(34)	27(7)	55(27)	41(12)	20(5)	21(7)	
1996(平成 8)	48	87(48)	34(20)	53(28)	36(24)	21(15)	15(9)	
1997(平成 9)	48	89(35)	28(11)	61(24)	46(16)	21(8)	25(8)	
1998(平成10)	42	248(68)	205(48)	43(20)	36(17)	17(8)	19(9)	
1999(平成11)	42	66(37)	25(13)	41(24)	34(19)	16(10)	18(9)	

人文科学府

年　度	入学定員	志願者	本学	その他	入学者	本学	その他	在学者
2000(平成12)	56	77(38)	24(12)	53(26)	35(21)	18(9)	17(12)	
2001(平成13)	56	111(49)	37(13)	74(34)	51(24)	27(10)	24(14)	
2002(平成14)	56	65(22)	14(3)	51(19)	36(13)	10(3)	26(10)	
2003(平成15)	56	79(37)	25(11)	54(26)	49(26)	21(10)	28(16)	
2004(平成16)	56	70(38)	23(7)	47(31)	32(18)	13(5)	19(13)	
2005(平成17)	56	80(42)	26(13)	54(29)	38(19)	23(11)	15(8)	
2006(平成18)	56	83(38)	33(11)	50(25)	36(15)	17(7)	19(8)	
2007(平成19)	56	73(35)	23(11)	50(24)	35(14)	17(8)	18(6)	
2008(平成20)	56	67(29)	18(8)	49(21)	38(19)	15(7)	23(12)	
2009(平成21)	56	75(40)	17(8)	58(32)	34(21)	14(8)	20(13)	
2010(平成22)	56	76(40)	27(13)	49(27)	35(18)	18(9)	17(9)	
2011(平成23)	56	82(46)	29(15)	53(31)	45(25)	23(13)	22(12)	

備考
1. 本表は 2012（平成 24）年 3 月 31 日現在で作成した。
2. 「学校基本調査」により作成し、『九州大学概要』で補った。不明な部分は空欄とした。
3. （　）は女性数を示し内数である。

⑤大学院文学研究科・人文科学府博士課程学生数（1953～2011年度）

文学研究科

年　度	入学定員	志願者	本学	その他	入学者	本学	その他
1953(昭和28)	18						
1954(昭和29)							
1955(昭和30)	20		6(1)				
1956(昭和31)	20						
1957(昭和32)	20						
1958(昭和33)	20	9(1)	6(1)				
1959(昭和34)	20	9(1)	8(0)				
1960(昭和35)	20	11(0)	10(0)				
1961(昭和36)	20	15(2)	11(0)				
1962(昭和37)	20	8(0)	6(0)				
1963(昭和38)	20	10(0)	8(0)				
1964(昭和39)	20	12(0)	12(0)				
1965(昭和40)	20	13(1)	13(1)	0(0)	11(1)	11(1)	0(0)
1966(昭和41)	21	15(1)	15(1)	0(0)	15(1)	15(1)	0(0)
1967(昭和42)	21	15(0)	15(0)	0(0)	14(0)	14(0)	0(0)
1968(昭和43)	21	11(4)	11(4)	0(0)	9(3)	8(3)	1(0)
1969(昭和44)	21	13(4)	9(4)	4(0)	13(4)	9(4)	4(0)
1970(昭和45)	22	15(3)	15(3)	0(0)	15(3)	15(3)	0(0)
1971(昭和46)	22	24(1)	22(1)	2(0)	23(1)	22(1)	1(0)
1972(昭和47)	22	14(3)	14(3)	0(0)	14(3)	14(3)	0(0)
1973(昭和48)	22	22(7)	21(7)	1(0)	21(7)	21(7)	0(0)
1974(昭和49)	23	28(4)	25(4)	3(0)	21(3)	21(3)	0(0)
1975(昭和50)	23	19(2)	18(2)	1(0)	15(1)	15(1)	0(0)
1976(昭和51)	23	24(3)	22(3)	2(0)	21(2)	21(2)	0(0)
1977(昭和52)	23	27(2)	25(2)	2(0)	24(1)	23(1)	1(0)
1978(昭和53)	23	20(1)	17(0)	3(1)	17(0)	17(0)	0(0)
1979(昭和54)	23	23(5)	23(5)	0(0)	23(5)	23(5)	0(0)
1980(昭和55)	24	25(4)	25(4)	0(0)	25(4)	25(4)	0(0)
1981(昭和56)	24	28(4)	28(4)	0(0)	28(4)	28(4)	0(0)
1982(昭和57)	24	21(3)	21(3)	0(0)	21(3)	21(3)	0(0)
1983(昭和58)	24	23(5)	21(5)	2(0)	20(5)	20(5)	0(0)
1984(昭和59)	24	29(8)	28(8)	1(0)	27(7)	27(7)	0(0)
1985(昭和60)	24	31(8)	27(8)	4(0)	27(8)	26(8)	1(0)
1986(昭和61)	24	31(5)	30(5)	1(0)	30(5)	29(5)	1(0)
1987(昭和62)	24	37(13)	30(8)	7(5)	30(8)	29(7)	1(1)
1988(昭和63)	24	41(12)	20(4)	21(8)	38(11)	19(4)	19(7)
1989(平成元)	24	35(8)	29(7)	6(1)	30(7)	28(6)	2(1)
1990(平成 2)	24	36(14)	34(13)	2(1)	34(13)	33(13)	1(0)

文学研究科（続き）

年　度	入学定員	志願者	本学	その他	入学者	本学	その他
1991(平成 3)	24	41(16)	34(13)	7(3)	37(16)	33(13)	4(3)
1992(平成 4)	24	28(12)	22(9)	6(3)	23(10)	20(8)	3(2)
1993(平成 5)	24	39(11)	31(9)	8(2)	31(11)	28(9)	3(2)
1994(平成 6)	24	30(11)	22(8)	8(3)	24(9)	22(8)	2(1)
1995(平成 7)	24	36(10)	21(7)	15(3)	23(7)	21(7)	2(0)
1996(平成 8)	24	50(23)	36(16)	14(7)	38(17)	35(16)	3(1)
1997(平成 9)	24	37(16)	26(10)	11(6)	30(12)	26(10)	4(2)
1998(平成10)	21	21(10)	16(9)	5(1)	18(10)	16(9)	2(1)
1999(平成11)	21	26(12)	19(9)	7(3)	20(10)	18(9)	2(1)

人文科学府

年　度	入学定員	志願者	本学	その他	入学者	本学	その他
2000(平成12)	28	31(11)	17(6)	14(5)	28(11)	17(6)	11(5)
2001(平成13)	28	35(15)	22(12)	13(3)	22(12)	18(10)	4(2)
2002(平成14)	28	23(7)	14(5)	9(2)	18(7)	14(5)	4(2)
2003(平成15)	28	34(10)	20(6)	14(4)	26(7)	20(6)	6(1)
2004(平成16)	28	27(9)	18(6)	9(3)	23(7)	18(6)	5(1)
2005(平成17)	28	33(14)	18(7)	15(7)	25(10)	18(7)	7(3)
2006(平成18)	28	27(14)	20(10)	7(4)	23(11)	20(10)	3(1)
2007(平成19)	28	28(12)	18(11)	10(1)	20(10)	17(10)	3(0)
2008(平成20)	28	18(9)	11(4)	7(5)	16(8)	11(4)	5(4)
2009(平成21)	28	23(10)	20(8)	3(2)	20(8)	18(7)	2(1)
2010(平成22)	28	27(15)	20(12)	7(3)	22(13)	19(12)	3(1)
2011(平成23)	28	29(12)	16(5)	13(7)	23(9)	16(5)	7(4)

備考
1. 本表は 2012（平成 24）年 3 月 31 日現在で作成した。
2. 主に「学校基本調査」により作成し，不明な部分は空欄とした。同調査では，調査年度の翌年の 5 月 1 日現在，1955（昭和 30）〜 1959 年については調査年度の翌年の 7 月 1 日現在，1960 〜 1963 年については調査年度の翌年の 6 月 1 日現在でのデータを掲載している。

2 卒業生の進路

①文学部卒業者数（1949～2011年度）

年度	卒業者	就職	進学	その他
1953（昭和28）	52(5)			
1954（昭和29）	58(15)	25(10)	29(3)	4(2)
1955（昭和30）	92(13)	45(4)	42(7)	5(2)
1956（昭和31）	99(26)	64(19)	25(3)	10(4)
1957（昭和32）	91(28)	49(15)	22(3)	20(10)
1958（昭和33）	98(27)	66(23)	26(3)	6(1)
1959（昭和34）	113(24)	66(12)	26(2)	21(10)
1960（昭和35）	131(28)	98(23)	27(4)	6(1)
1961（昭和36）	128(26)	95(23)	23(1)	10(2)
1962（昭和37）	106(36)	85(32)	15(1)	6(3)
1963（昭和38）	122(46)	88(35)	24(2)	10(9)
1964（昭和39）	125(49)	93(39)	26(4)	6(6)
1965（昭和40）	125(59)	82(40)	25(9)	18(10)
1966（昭和41）	129(61)	91(42)	13(2)	25(17)
1967（昭和42）	121(61)	80(37)	19(8)	22(16)
1968（昭和43）	127(67)	83(50)	27(2)	17(15)
1969（昭和44）	80(52)	45(30)	17(8)	18(14)
1970（昭和45）	135(83)	72(41)	23(9)	40(33)
1971（昭和46）	120(60)	66(36)	18(0)	36(24)

年度	卒業者	就職	進学	その他
1972（昭和47）	118(62)	70(33)	13(5)	35(24)
1973（昭和48）	120(66)	70(42)	15(1)	35(23)
1974（昭和49）	113(57)	53(32)	19(2)	41(23)
1975（昭和50）	109(72)	63(43)	15(3)	31(26)
1976（昭和51）	119(66)	76(49)	17(2)	26(15)
1977（昭和52）	134(71)	83(52)	23(8)	28(11)
1978（昭和53）	129(72)	79(49)	19(4)	31(19)
1979（昭和54）	142(88)	85(60)	15(3)	42(25)
1980（昭和55）	132(87)	81(61)	20(8)	31(18)
1981（昭和56）	130(69)	83(52)	24(4)	23(13)
1982（昭和57）	149(81)	96(57)	21(7)	32(17)
1983（昭和58）	134(75)	84(52)	23(8)	27(15)
1984（昭和59）	123(76)	95(66)	15(4)	13(6)
1985（昭和60）	140(71)	79(45)	32(8)	29(18)
1986（昭和61）	136(89)	94(71)	20(8)	22(10)
1987（昭和62）	138(90)	108(75)	12(5)	18(10)
1988（昭和63）	150(90)	106(76)	22(8)	22(6)
1989（平成元）	131(90)	108(83)	19(6)	4(1)
1990（平成2）	156(107)	132(94)	19(10)	5(3)

年度	卒業者	就職	進学	その他	年度	卒業者	就職	進学	その他
1991(平成3)	148(100)	113(86)	16(6)	19(8)	2002(平成14)	163(101)	84(57)	35(17)	44(27)
1992(平成4)	171(117)	118(89)	23(10)	30(18)	2003(平成15)	142(91)	63(44)	26(11)	53(36)
1993(平成5)	163(111)	106(77)	24(10)	33(24)	2004(平成16)	169(104)	79(56)	36(17)	54(31)
1994(平成6)	165(105)	97(65)	25(10)	43(30)	2005(平成17)	155(100)	83(60)	24(9)	48(31)
1995(平成7)	175(106)	97(62)	30(15)	48(29)	2006(平成18)	150(107)	90(71)	28(15)	32(21)
1996(平成8)	158(102)	81(60)	26(11)	51(31)	2007(平成19)	155(108)	95(69)	20(12)	40(27)
1997(平成9)	176(102)	97(62)	25(9)	54(31)	2008(平成20)	155(119)	98(80)	17(13)	40(26)
1998(平成10)	152(98)	87(56)	24(15)	41(27)	2009(平成21)	150(106)	85(69)	22(10)	43(27)
1999(平成11)	172(109)	93(67)	31(13)	48(29)	2010(平成22)	155(112)	90(71)	26(14)	39(27)
2000(平成12)	164(111)	81(63)	33(14)	50(34)	2011(平成23)	151(102)	85(65)	18(8)	48(29)
2001(平成13)	154(103)	82(61)	18(7)	54(35)					

備考
1. 本表は2012（平成24）年3月31日現在で作成した。
2. 「学校基本調査」により作成し，不明な部分は空欄とした。同調査では，調査年度の翌年の5月1日現在，1955（昭和30）～1959年については調査年度の翌年の7月1日現在，1960～1963年については調査年度の翌年の6月1日現在でのデータを掲載している。
3. 「一時的な仕事に就いた者」は「その他」に含めた。

②大学院文学研究科・人文科学府修士課程修了者数（1953～2011年度）

文学研究科

年度	修了者	就職	進学	その他
1954（昭和29）	10(1)			
1955（昭和30）	19(3)	6(0)	12(3)	1(0)
1956（昭和31）	24(4)	5(1)	15(2)	4(1)
1957（昭和32）	19(3)	10(1)	7(1)	2(1)
1958（昭和33）	19(3)	10(2)	9(1)	0(0)
1959（昭和34）	23(2)	10(2)	9(0)	4(0)
1960（昭和35）	26(4)	15(4)	10(0)	1(0)
1961（昭和36）	18(2)	11(1)	5(0)	2(1)
1962（昭和37）	21(3)	11(2)	8(0)	2(1)
1963（昭和38）	27(6)	12(4)	12(0)	3(2)
1964（昭和39）	21(1)	10(0)	11(1)	0(0)
1965（昭和40）	29(5)	11(4)	17(1)	1(0)
1966（昭和41）	32(4)	17(3)	14(0)	1(1)
1967（昭和42）	25(10)	14(5)	9(3)	2(2)
1968（昭和43）	30(10)	15(7)	12(3)	3(0)
1969（昭和44）	35(8)	17(3)	15(3)	3(2)
1970（昭和45）	38(4)	14(3)	22(1)	2(0)
1971（昭和46）	33(12)	11(5)	15(3)	7(4)
1972（昭和47）	36(12)	13(4)	21(7)	2(1)
1973（昭和48）	35(8)	10(3)	21(3)	4(2)

文学研究科（続き）

年度	修了者	就職	進学	その他
1974（昭和49）	35(8)	8(0)	15(1)	12(7)
1975（昭和50）	32(5)	22(3)	8(1)	2(1)
1976（昭和51）	31(5)	7(3)	22(1)	2(1)
1977（昭和52）	25(2)	6(1)	17(0)	2(1)
1978（昭和53）	30(8)	3(1)	23(5)	4(2)
1979（昭和54）	33(6)	4(1)	24(4)	5(1)
1980（昭和55）	35(10)	5(3)	27(4)	3(3)
1981（昭和56）	28(7)	5(2)	21(3)	2(2)
1982（昭和57）	26(6)	4(0)	20(5)	2(1)
1983（昭和58）	37(10)	6(0)	28(8)	3(2)
1984（昭和59）	34(10)	5(0)	26(8)	3(2)
1985（昭和60）	38(7)	7(0)	29(5)	2(2)
1986（昭和61）	44(12)	5(2)	19(7)	20(3)
1987（昭和62）	50(13)	10(0)	33(10)	7(3)
1988（昭和63）	41(14)	6(5)	29(6)	6(3)
1989（平成元）	39(14)	4(0)	33(13)	2(1)
1990（平成2）	39(16)	3(1)	33(14)	3(1)
1991（平成3）	35(12)	8(0)	20(8)	7(4)
1992（平成4）	37(11)	1(1)	31(9)	5(1)
1993（平成5）	34(16)	3(0)	23(9)	8(7)

文学研究科（続き）

年度	修了者	就職	進学	その他
1994（平成6）	33(16)	6(3)	19(7)	8(6)
1995（平成7）	49(27)	6(6)	35(15)	8(6)
1996（平成8）	30(10)	1(0)	24(8)	5(2)
1997（平成9）	36(22)	5(3)	22(12)	9(7)
1998（平成10）	37(18)	4(3)	25(10)	8(5)
1999（平成11）	34(12)	7(3)	20(7)	7(2)
2000（平成12）	38(20)	6(4)	16(9)	16(7)
2001（平成13）	8(0)	3(0)	4(1)	1(1)
2002（平成14）	1(0)	0(0)	1(0)	0(0)

人文科学府

年度	修了者	就職	進学	その他
2000（平成12）	0(0)	0(0)	0(0)	0(0)
2001（平成13）	18(11)	5(4)	10(5)	3(2)
2002（平成14）	44(22)	13(6)	19(6)	12(9)
2003（平成15）	33(13)	5(2)	17(6)	11(5)
2004（平成16）	42(20)	7(4)	17(6)	18(10)
2005（平成17）	43(23)	10(6)	22(11)	11(6)
2006（平成18）	30(16)	9(4)	13(8)	8(4)
2007（平成19）	33(16)	15(7)	11(4)	7(5)
2008（平成20）	32(12)	17(8)	13(4)	2(0)
2009（平成21）	37(19)	15(7)	15(7)	7(5)
2010（平成22）	26(12)	3(2)	16(6)	7(4)
2011（平成23）	35(18)	10(5)	16(9)	3(2)

備考
1. 本表は2012（平成24）年3月31日現在で作成した。
2.「学校基本調査」により作成し，不明な部分は空欄とした。同調査では，調査年度の翌年の5月1日現在，1955（昭和30）～1959年については調査年度の翌年の7月1日現在，1960～1963年については調査年度の翌年の6月1日現在でのデータを掲載している。
3.「就職進学者」は「進学」に含める。
4. 1954～1956年度の新制大学院卒業者数については，修士課程と博士課程を区別する記載がなかった。

③大学院文学研究科・人文科学府博士課程修了者数（1953〜2011年度）

文学研究科

年度	修了者	就職	進学	その他
1953（昭和28）	—			
1954（昭和29）	10(1)			
1955（昭和30）	19(3)	6(0)	12(3)	1(0)
1956（昭和31）	24(4)	5(1)	15(2)	4(1)
1957（昭和32）	0(0)	0(0)	0(0)	0(0)
1958（昭和33）	0(0)	0(0)	0(0)	0(0)
1959（昭和34）	0(0)	0(0)	0(0)	0(0)
1960（昭和35）	0(0)	0(0)	0(0)	0(0)
1961（昭和36）	6(0)	6(0)	0(0)	0(0)
1962（昭和37）	9(0)	6(0)	0(0)	3(0)
1963（昭和38）	7(0)	7(0)	0(0)	0(0)
1964（昭和39）	5(0)	3(0)	0(0)	2(0)
1965（昭和40）	6(0)	4(0)	0(0)	2(0)
1966（昭和41）	9(0)	8(0)	0(0)	1(0)
1967（昭和42）	3(0)	3(0)	0(0)	0(0)
1968（昭和43）	6(1)	6(1)	0(0)	0(0)
1969（昭和44）	8(0)	7(0)	0(0)	1(0)
1970（昭和45）	3(1)	2(1)	0(0)	1(0)
1971（昭和46）	6(1)	5(1)	0(0)	1(0)
1972（昭和47）	6(3)	4(2)	0(0)	2(1)

文学研究科（続き）

年度	修了者	就職	進学	その他
1973（昭和48）	10(1)	5(1)	0(0)	5(0)
1974（昭和49）	9(2)	6(2)	0(0)	3(0)
1975（昭和50）	9(3)	8(2)	0(0)	1(1)
1976（昭和51）	12(3)	4(0)	0(0)	8(3)
1977（昭和52）	12(1)	10(1)	0(0)	2(0)
1978（昭和53）	7(2)	2(0)	0(0)	5(2)
1979（昭和54）	16(1)	9(0)	0(0)	7(1)
1980（昭和55）	5(1)	3(0)	0(0)	2(0)
1981（昭和56）	6(2)	3(1)	0(0)	3(1)
1982（昭和57）	7(0)	4(0)	0(0)	3(0)
1983（昭和58）	9(1)	7(1)	0(0)	2(0)
1984（昭和59）	20(4)	13(2)	0(0)	7(2)
1985（昭和60）	11(4)	5(1)	0(0)	6(3)
1986（昭和61）	17(6)	11(2)	0(0)	6(4)
1987（昭和62）	16(6)	7(2)	0(0)	9(4)
1988（昭和63）	14(1)	8(0)	0(0)	6(1)
1989（平成元）	10(2)	6(2)	0(0)	4(0)
1990（平成2）	24(8)	14(4)	0(0)	10(4)
1991（平成3）	23(4)	13(2)	0(0)	10(2)
1992（平成4）	7(0)	4(0)	0(0)	3(0)

文学研究科（続き）

年度	修了者	就職	進学	その他
1993(平成5)	21(7)	11(4)	0(0)	10(3)
1994(平成6)	12(6)	8(4)	0(0)	4(2)
1995(平成7)	31(14)	17(7)	0(0)	14(7)
1996(平成8)	26(9)	14(7)	0(0)	12(2)
1997(平成9)	22(9)	1(1)	0(0)	0(0)
1998(平成10)	19(6)	7(1)	0(0)	12(5)
1999(平成11)	16(7)	7(3)	0(0)	9(4)
2000(平成12)	24(9)	6(1)	0(0)	18(8)
2001(平成13)	22(10)	6(1)	0(0)	17(9)
2002(平成14)	17(8)	3(1)	0(0)	14(7)
2003(平成15)	9(4)	2(0)	0(0)	7(4)
2004(平成16)	6(3)	3(2)	0(0)	3(1)
2005(平成17)	2(1)	0(0)	0(0)	0(0)
2006(平成18)	0(0)	0(0)	0(0)	0(0)

人文科学府

年度	修了者	就職	進学	その他
2002(平成14)	3(1)	2(1)	0(0)	1(0)
2003(平成15)	6(2)	6(2)	0(0)	0(0)
2004(平成16)	9(2)	7(1)	0(0)	2(1)
2005(平成17)	26(11)	8(2)	0(0)	18(9)
2006(平成18)	21(7)	2(2)	0(0)	19(5)
2007(平成19)	20(7)	8(1)	0(0)	12(6)
2008(平成20)	18(8)	8(3)	0(0)	10(5)
2009(平成21)	21(9)	12(7)	0(0)	9(2)
2010(平成22)	19(9)	6(3)	0(0)	13(6)
2011(平成23)	16(9)	4(1)	1(0)	11(8)

備考

1. 本表は 2012（平成 24）年 3 月 31 日現在で作成した。
2. 主に「学校基本調査」により作成した。同調査では，調査年度の翌年の 5 月 1 日現在，1955（昭和 30）～1959 年については調査年度の翌年の 7 月 1 日現在，1960～1963 年については調査年度の翌年の 6 月 1 日現在でのデータを掲載している。
3. 「修了者」に「単位取得退学者」を含めた。なお，博士一貫課程の修了者数・単位取得退学者数も本表に記載する。
4. データ不明の場合は空欄とし，設置後に学生は在籍しているが未だ修了者が存在する年度に達していない場合，統合以前でカウントする必要がない場合は「―」とした。
5. 1954～1956 年度の新制大学院卒業者数については，修士課程と博士課程を区別する記載がなかった。

3 教官・教員数

①法文学部教官数（1925～1948年度）

年　度	教　授	助教授	講師(嘱託)	外国人教師	合　計
1925（大正14）	17	5	7	2	31
1926（大正15）	25	11	7	3	46
1927（昭和2）	25	12	17	3	57
1928（昭和3）	24	17	24	4	69
1929（昭和4）	28	15	15	2	60
1930（昭和5）	28	14	18	2	62
1931（昭和6）	29	14	9	2	54
1932（昭和7）	29	15	13		57
1933（昭和8）	27	15	14	2	58
1934（昭和9）	28	16	15	2	61
1935（昭和10）	31	15	17	1	64
1936（昭和11）	30	16	16	1	63
1937（昭和12）	29	14	16	1	60
1938（昭和13）	31	18	11	1	61
1939（昭和14）	29	20	10	1	60
1940（昭和15）	32	14	11	1	58
1941（昭和16）	31	17	10		58
1942（昭和17）	32	17	8		57
1943（昭和18）	29	16	7		52
1944（昭和19）	30	18	4		52
1945（昭和20）					58
1946（昭和21）					
1947（昭和22）					
1948（昭和23）	32 兼3	10	8		53

備考
1. 1925（大正14）～1941（昭和16）年度，1945年度以降は『文部省年報』，1942～44年度は『九州帝国大学職員録』により作成した。なお不明な部分は空欄とした。

②文学部・人文科学研究院教官・教員数(1949～2011年度)

文学部

年　度	教授	助教授	講師	助手	計
1949（昭和24）	16	8			
1950（昭和25）					
1951（昭和26）					
1952（昭和27）					
1953（昭和28）					
1954（昭和29）	17(0)	9(0)	4(0)	12(0)	42(0)
1955（昭和30）	18(0)	11(0)	3(0)	12(0)	44(0)
1956（昭和31）	18(0)	11(0)	5(0)	13(0)	47(0)
1957（昭和32）	15(0)	13(0)	6(0)	15(0)	49(0)
1958（昭和33）	18(0)	15(0)	4(0)	15(0)	52(0)
1959（昭和34）	17(0)	18(0)	4(1)	18(0)	57(1)
1960（昭和35）	17(0)	18(0)	5(1)	18(0)	58(1)
1961（昭和36）	16(0)	18(0)	3(0)	18(1)	55(1)
1962（昭和37）	18(0)	18(0)	4(0)	17(2)	57(2)
1963（昭和38）	20(0)	15(0)	6(0)	17(2)	58(2)
1964（昭和39）	20(0)	17(0)	6(1)	18(1)	61(2)
1965（昭和40）	19(0)	19(0)	5(1)	20(3)	63(4)
1966（昭和41）	19(0)	21(0)	5(1)	20(7)	65(8)
1967（昭和42）	19(0)	20(0)	6(0)	22(5)	67(5)
1968（昭和43）	17(0)	20(0)	6(0)	22(5)	65(5)
1969（昭和44）	20(0)	18(0)	3(0)	23(8)	64(8)
1970（昭和45）	18(0)	18(0)	3(0)	24(10)	63(10)
1971（昭和46）	17(0)	20(0)	3(1)	24(12)	64(13)
1972（昭和47）	15(0)	19(0)	3(1)	24(7)	61(8)
1973（昭和48）	18(0)	16(0)	3(0)	24(6)	61(6)
1974（昭和49）	21(0)	15(0)	3(0)	25(5)	64(5)
1975（昭和50）	21(0)	19(0)	3(1)	26(6)	69(7)
1976（昭和51）	21(0)	19(0)	3(0)	24(8)	67(8)
1977（昭和52）	22(0)	20(0)	4(0)	23(6)	69(6)
1978（昭和53）	22(0)	21(0)	4(0)	23(8)	70(8)
1979（昭和54）	23(0)	22(0)	4(0)	24(8)	73(8)
1980（昭和55）	21(0)	24(0)	4(0)	24(3)	73(3)
1981（昭和56）	22(0)	22(0)	5(0)	25(5)	74(5)
1982（昭和57）	24(0)	18(0)	5(0)	25(5)	72(5)
1983（昭和58）	23(0)	17(0)	5(0)	24(4)	69(4)
1984（昭和59）	26(0)	14(0)	5(1)	25(3)	70(4)
1985（昭和60）	23(0)	16(0)	7(1)	25(3)	71(4)
1986（昭和61）	24(0)	14(0)	6(1)	25(3)	69(4)
1987（昭和62）	22(0)	15(0)	7(1)	25(3)	69(4)
1988（昭和63）	23(0)	16(0)	7(1)	25(4)	71(5)

文学部（続き）

年　度	教授	助教授	講師	助手	計
1989（平成元）	20(0)	20(0)	7(1)	25(4)	72(5)
1990（平成 2）	20(0)	21(0)	7(1)	26(5)	74(6)
1991（平成 3）	22(0)	20(0)	7(1)	25(5)	74(6)
1992（平成 4）	21(0)	21(0)	7(1)	26(5)	75(6)
1993（平成 5）	22(0)	21(0)	7(1)	27(5)	77(6)
1994（平成 6）	43(0)	35(0)	4(0)	27(7)	109(7)
1995（平成 7）	28(0)	17(0)	6(1)	25(7)	76(8)
1996（平成 8）	29(0)	18(0)	7(1)	20(9)	74(10)
1997（平成 9）	28(0)	18(0)	8(1)	19(9)	73(10)
1998（平成10）	29(1)	19(0)	7(0)	9(2)	64(3)
1999（平成11）	24(0)	17(0)	7(0)	11(3)	59(3)

人文科学研究院

年　度	教授	助教授	講師	助手	計
2000（平成12）	25(0)	18(0)	8(1)	9(3)	60(4)
2001（平成13）	25(0)	20(0)	8(1)	9(3)	62(4)
2002（平成14）	23(0)	23(2)	7(0)	9(3)	62(5)
2003（平成15）	27(0)	19(2)	3(0)	8(2)	57(4)

年　度	教授	助教授	講師	助手	みなし専任	計
2004（平成16）	26(0)	19(2)	4(0)	8(4)	0(0)	57(6)
2005（平成17）	24(0)	19(1)	6(0)	7(3)	0(0)	56(4)
2006（平成18）	26(0)	19(1)	4(0)	6(0)	0(0)	55(1)

年　度	教授	准教授	講師	助教	准助教	みなし専任	計
2007（平成19）	26(0)	19(1)	5(1)	2(0)	0(0)	0(0)	52(2)

年　度	教授	准教授	講師	助教	准助教	教務助手	みなし専任	計
2008（平成20）	28(0)	19(1)	3(1)	0(0)	0(0)	0(0)	0(0)	50(2)
2009（平成21）	26(0)	19(1)	3(1)	4(1)	0(0)	0(0)	0(0)	52(3)

年　度	教授	准教授	講師	助教	准助教	計
2010（平成22）	28(0)	20(1)	2(1)	1(1)	0(0)	51(3)
2011（平成23）	29(0)	21(2)	2(1)	1(1)	0(0)	53(4)

備考
1. 本表は 2012（平成 24）年 3 月 31 日現在で作成し，本務者数のみを掲載した。
2. 1949（昭和 24）～ 2002 年度は「学校基本調査」，2003 ～ 2011 年度は『九州大学大学概要』により作成した。なお，1949 年度は「九州大学の概況」を参照し，不明な部分は空欄とした。
3. （　）は女性数を示し内数である。

Ⅲ　文学部年表

西暦	元号	月日	事　項
1911年	明治44年	1月 1日	九州帝国大学創立
1924年	大正13年	9月26日	法文学部創設
1925年	14年	1月14日	法文学部規程制定，女子学生を受け入れる
		2月	鉄骨鉄筋コンクリート地上3階，半地下1階の本館竣工
		3月26日	第1回法文学部教授会開催
		4月20日	第1回入学式。女子学生2名（織戸登代子と調須磨子）入学
		4月21日	授業開始
1926年	昭和元年	12月 1日	法文学部教授会議事規則制定
1927年	2年	3月	心理学教室棟竣工
		6月12日	法文学部学生が法文会を設立し，18日に『九州大学新聞』創刊
		11月22日	法文学部内訌事件により教授5名と助教授1名が休職
1928年	3年	3月30日	法文学部第1回卒業証書授与式挙行
		4月24日	3・15事件により教授3名と助手1名辞職
1929年	4年	1月26日	法文学部教授会議事規則改定により教授会を教授のみの組織に変更
		11月28日	九大史学会が『史淵』創刊
1930年	5年	3月20日	法文学部規程改定により卒業要件等を変更
1932年	7年	3月 1日	九州文学会が『文学研究』創刊
1934年	9年	5月 3日	学生の襟章を志望別に区別
		9月19日	法文学部奨学会会則制定
		9月	九州文化史研究所設置
1937年	12年	8月	法文学部演習室竣工
		11月25日	『十周年記念哲学史学文学論文集』刊行
1939年	14年	5月 3日	秋重義治講師（心理学）が卒業生としてはじめて文学博士号取得
1940年	15年	3月31日	哲学研究会が『哲学年報』創刊
1943年	18年	9月29日	大学院に特別研究生制度設置
		10月19日	学徒出陣のための全学壮行会挙行
		11月10日	教授会が文部省による学生の京都帝国大学への委託案に反対の意見書を提出
1945年	20年	6月12日	春日政治名誉教授（国語学・国文学）が帝国学士院賞受賞
		8月15日	戦争終結の詔書を放送
		12月19日	法文学部組織調査委員会設置

西暦	元号	月日	事　項
1946年	昭和21年	7月17日	教授会が法・文・経済の3学部への分離を議決
1947年	22年	10月 1日	九州帝国大学を九州大学と改称
1949年	24年	4月 1日	法文学部廃止。法学部・経済学部とともに文学部創設
		4月 6日	第1回文学部教授会
		5月31日	新制九州大学発足。教育学部創設
		6月18日	文学部規則制定
		7月 2日	干潟龍祥教授（印度哲学史）が初代文学部長に就任
1952年	27年	3月 3日	学部別入学試験をはじめて実施（～4日）
1953年	28年	4月 1日	新制九州大学大学院発足。文学研究科開設
		4月 1日	国語学・国文学第二講座開設
1957年	32年	9月21日	九州大学文学部同窓会発足
1958年	33年	3月25日	九州大学文学部同窓会『会報』創刊
		4月 1日	考古学講座開設
1959年	34年	5月	「木を植える会」発足
1961年	36年	5月12日	長澤信寿名誉教授（哲学・哲学史）が学士院賞受賞
1964年	39年	3月	文科系新館竣工
		4月 1日	言語学講座開設
		4月 1日	入学生数ではじめて女子が男子を上回る
		7月	新館移転完了
		10月11日	九州大学文学部同窓会奨学会設立
1965年	40年	4月 1日	九州文化史研究所が文学部附属研究施設に昇格し対外交渉史部門開設
1966年	41年	1月31日	『九州大学文学部創立四十周年記念論文集』刊行
1967年	42年	11月15日	『九州大学五十年史』全3巻刊行
1968年	43年	4月 1日	英語学・英文学第二講座設置
		6月 2日	在日米軍のファントム偵察機が大型計算機センターに墜落
		7月 9日	評議会が米軍機の自主引き降ろしの方針を決定
		9月19日	文学部学生大会が評議会決定の撤回と機体引き降ろし反対を決議
		10月24日	文学部自治会が文学部事務室を封鎖。全学で最初の建物封鎖
		10月25日	中村幸彦文学部長（国語学・国文学）が引責辞任
		12月24日	文系地区中門付近において乱闘
1969年	44年	1月 5日	米軍機が引き降ろされる
		5月20日	文学部自治会が文学部を封鎖
		8月14日	谷口鐵雄教授（美学・美術史）が総長事務取扱に就任
		10月14日	全学一斉に機動隊を導入し封鎖を解除
		11月 4日	授業再開
1973年	48年	5月21日	日野開三郎名誉教授（東洋史学）が学士院賞受賞
		5月29日	評議会が春日原への全面移転を正式に断念

西暦	元号	月日	事項
1974年	昭和49年	4月11日	朝鮮史学講座設置
1975年	50年	3月31日	『九州大学文学部創立五十周年記念論文集』刊行
		6月 2日	古野清人名誉教授（宗教学）が学士院賞受賞
1976年	51年	3月27日	8年ぶりに全学部統一の卒業式挙行
		4月 1日	附属九州文化史研究施設に比較考古学部門開設
1978年	53年	4月 1日	地理学講座開設
1979年	54年	3月 4日	共通一次試験実施にともなう二次試験で小論文を課す
		9月 1日	第1回九州大学公開講座「文学の中の人間像」を開講
1982年	57年	8月	新館建設のため旧法文学部本館へ一時移転（〜83年2月）
1986年	61年	4月15日	曁南大学文学院（中国）と交流協定締結
		4月 1日	地域福祉社会学講座開設
1988年	63年	6月 8日	新任教官就任講義開始
1990年	平成 2年	10月19日	「樹の会」発足
		12月12日	バーミンガム大学人文学部（英国）と交流協定締結
1991年	3年	10月22日	評議会が福岡市西区元岡地区への新キャンパス移転構想を決定
1992年	4年	3月31日	『九州大学七十五年史』全5巻刊行
		9月	箱崎文系地区の食堂・学生控室・書籍部などを改修
1993年	5年	4月 1日	イスラム文明学講座開設
		9月18日	教員親睦旅行復活（〜19日）
1994年	6年	3月31日	教養部廃止。これにともない8名の教官が文学部に異動
		4月 1日	人間科学科を新設。哲学・史学・文学とあわせて4学科体制になる
		4月 1日	大学院比較社会文化研究科創設。考古学講座・附属九州文化史研究施設等が異動
		6月 6日	丸山雍成教授（九州文化史）が学士院賞受賞
		6月24日	附属九州文化史研究施設廃止
1995年	7年	4月 1日	研究室が個別に管理してきた図書を図書掛が一元的に管理開始
1996年	8年	6月10日	平田寛名誉教授（美学・美術史）が学士院賞受賞
		11月 3日	竹内理三元教授（国史学）が文化勲章受章
1998年	10年	4月 1日	大学院人間環境学研究科創設。社会学・地域福祉社会学・心理学・認知心理学・比較宗教学の5講座の教官等が異動
		6月30日	ケンブリッジ大学東洋学部（英国）と交流協定締結
1999年	11年	4月17日	文学部同窓会主催による就職活動支援講演会を開催
2000年	12年	4月 1日	大学院重点化および学府・研究院制度の実施により，大学院人文科学研究院・大学院人文学府・文学部（人文学科）へと改編
2002年	平成14年	9月30日	21世紀COEプログラム「東アジアと日本：交流と変容」採択

西暦	元号	月日	事　　項
2003年	平成15年	4月 1日	人文科学研究院附属言語運用総合研究センター開設
		10月14日	大学評価・学位授与機構によるヒアリング調査（〜15日）
2004年	16年	4月 1日	国立大学法人九州大学へ移行
		4月 1日	社会調査士資格取得カリキュラム開始
2005年	17年	3月20日	福岡西方沖地震発生。書架倒壊等はあったが人的被害はなし
		4月 1日	文科系事務統合
2006年	18年	3月19日	第1回歴史学・歴史教育セミナー開催
2007年	19年	3月26日	第1回人文科学府長賞（大賞・優秀賞）授与
		4月 1日	教員の職種を教授・准教授・講師・助教・准助教・助手へと改編
		4月 1日	人文科学府と比較社会文化学府による歴史学拠点コース開設
2009年	21年	4月 1日	法文学部85周年／文学部60周年記念事業（はごろもプロジェクト）開始（〜2010年3月31日）
		4月 1日	全学教育等が六本松から伊都キャンパスへ移転
		4月18日	朝日カルチャーセンター福岡教室との提携講座開設
		9月 5日	「ただいま　九大生AQAプロジェクトによるアジア現代美術展」開催（〜11月23日）
		9月19日	法文学部85周年／文学部60周年記念祭開催
		10月 3日	「仙厓展　九州大学文学部所蔵中山森彦コレクション」開催（〜11月29日）
		12月12日	「九州大学所蔵の史資料―過去・現在・未来」シンポジウム・展示会開催
2010年	22年	3月25日	『九州大学文学部創立八十五周年記念論文集』刊行
		4月 1日	文学部歴史編纂室設置
		7月21日	東義大学校人文大学（韓国）と交流協定締結
		10月 1日	大学院10月入学制度開始
		11月 3日	中野三敏名誉教授（国語学・国文学）が文化功労者に選出
2011年	23年	3月25日	『九州大学文学部人文学入門』全4巻刊行開始
		10月 1日	人文科学府に広人文学コース開設
		11月17日	昌原大学校人文大学（韓国）と交流協定締結
2012年	24年	3月22日	ルール大学ボーフム歴史学部・東アジア研究学部（ドイツ）と交流協定締結
		3月30日	『九州大学人文学叢書』刊行開始

編集後記

　九州大学は，2011（平成23）年，帝国大学として創設されてからちょうど百周年という節目の年を迎えました。その記念事業の一環として，全11巻と別巻から成る『九州大学百年史』が刊行されることになり，同年別巻の『九州大学百年史写真集』が出版されました。本編は通史編・部局史編・資料編で構成され，本年「部局史編Ⅰ」からウェブ上で刊行を開始しました。我が文学部の歴史はこの中に収載されています。

　文学部は，1924（大正13）年に法文学部として設立が認可され，1949（昭和24）年に文学部として新たな出発をいたしました。2009年には，法文学部85周年，文学部60周年を記念して「はごろもプロジェクト」という記念事業を展開いたしました。過去を振り返り，現在を見つめ直し，未来への新たなる一歩を踏み出していくという，このプロジェクトの精神から文学部歴史編纂室の構想が生まれ，翌年4月1日に正式に設置されました。文学部に関する資料の蒐集，整理，保管，活用，歴史編纂が任務ですが，当面の目標は『九州大学百年史』部局史編・文学部史の編集活動でありました。

　文学部史は，通史と研究室史とに分かれ，前者は文学部歴史編纂室が，後者は21研究室が執筆を担当することになり，そのために各講座1名からなる「文学部部局史・研究室史連絡委員会」を組織しました。同委員会では編集方針や執筆方法について協議したほか，3回にわたり8つの研究室に各々の歴史を発表してもらいました。また，全研究室に依頼して歴史的資料の調査を行いました。このように約3年間にわたる準備期間を経て，今春ようやく文学部史の完成にこぎつけました。

　本年2014年は，法文学部創設から90周年に当たることから，文学

部と文学部同窓会とが協力して記念行事を開催することになりました。そこで,『九州大学百年史』の文学部史を本編として資料編を付して,ここに『九州大学文学部 90 年の歩み』を刊行することにいたしました。これは,10 年後の文学部創立百周年に予定されている文学部百年史の編集刊行を目指した文学部史の第一歩であります。まだまだ不十分な点が多いと思います。本書をお読みいただき,誤りなどに気がつかれましたら,御一報いただけると幸いです。

　今改めて文学部 90 年の歴史を振り返りますと,大正末年から激動の昭和,そして平成と,それぞれの時代の中で幾多の困難を乗りこえて研究と教育とに邁進してきたその姿が浮かび上がってきます。私たちは過去の歴史から多くのことを学ぶことによって,現在を見つめ直し,今後の文学部のあるべき姿を描いていくことができるように思います。来たる文学部百年史の編纂に向けて関連史資料の御提供や御助言を賜りたいと存じます。

　ここに至るまで,多くの方々の御協力をいただきました。殊に,研究室史の編集と執筆に当たられた委員の面々,資料や情報を提供された方々,大学史に関する様々なデータを御教示くださった九州大学大学文書館並びに九州大学百年史編集室の皆様,そして地道な努力を続けてきた文学部歴史編纂室のメンバー,これらの方々に深甚なる感謝の意を表したいと思います。また,本書の刊行を全面的に支援してくださった九州大学出版会にもお礼を申し上げます。

　最後に,90 年にわたる九州大学文学部の歴史に関わったすべての人々に対して,心からなる敬意と感謝の気持ちを捧げます。

2014 年 8 月 15 日

九州大学文学部歴史編纂室
室長　　柴　田　　篤

執筆者一覧（五十音順）

飯嶋秀治　小黒康正　遠城明雄　片岡　啓　辛島正雄　川本芳昭
菊地惠善　京谷啓徳　久保智之　佐伯弘次　柴田　篤　清水和裕
髙木信宏　高野和良　竹村則行　中村知靖　西岡宣明　宮本一夫
森平雅彦　山口輝臣　吉原雅子

文学部歴史編纂室室員一覧（2010〜2014年度，五十音順）

安藤智子　石黒大岳　後小路雅弘　岡崎　敦　折田悦郎　佐伯弘次
坂本彩希絵　柴田　篤　下薗りさ　白井　順　申　英根　廣田智子
藤野月子　山口輝臣　藤岡健太郎（オブザーバー）

写真・図版提供者一覧（五十音順）

桂木勝彦　九州大学大学文書館　九州大学文学部各研究室
九州大学文学部歴史編纂室　西日本新聞社　林崎价男　吉川幸作

九州大学文学部 90 年の歩み

2014 年 9 月 6 日　初版発行

編集・発行
九州大学文学部
〒 812-8581　福岡市東区箱崎 6-19-1
TEL　092-642-2352
FAX　092-642-2349
URL　http://www2.lit.kyushu-u.ac.jp/

発売
一般財団法人 九州大学出版会
〒 812-0053　福岡市東区箱崎 7-1-146
TEL　092-641-0515（直通）
FAX　092-641-0172
URL　http://kup.or.jp/

印刷・製本
城島印刷株式会社

Ⓒ School of Letters, Kyushu University 2014
ISBN 978-4-7985-0133-8